不去！不去！就不去！
孩子不爱上幼儿园，
妈妈怎么办？

周扬◎著

北京理工大学出版社
BEIJING INSTITUTE OF TECHNOLOGY PRESS

图书在版编目（CIP）数据

不去！不去！就不去！孩子不爱上幼儿园，妈妈怎么办？/ 周扬著. —北京：北京理工大学出版社，2019.3

ISBN 978 - 7 - 5682 - 6619 - 2

Ⅰ.①不… Ⅱ.①周… Ⅲ.①幼儿教育－家庭教育 Ⅳ.①G781

中国版本图书馆CIP数据核字（2019）第006266号

出版发行 / 北京理工大学出版社有限责任公司

社　　址 / 北京市海淀区中关村南大街5号

邮　　编 / 100081

电　　话 /（010）68914775（总编室）

　　　　　（010）82562903（教材售后服务热线）

　　　　　（010）68948351（其他图书服务热线）

网　　址 / http://www.bitpress.com.cn

经　　销 / 全国各地新华书店

印　　刷 / 三河市华骏印务包装有限公司

开　　本 / 710毫米×1000毫米　1 / 16

印　　张 / 9　　　　　　　　　　　　　　　　责任编辑 / 闫风华

字　　数 / 94千字　　　　　　　　　　　　　　文案编辑 / 闫风华

版　　次 / 2019年3月第1版　2019年3月第1次印刷　责任校对 / 周瑞红

定　　价 / 29.80元　　　　　　　　　　　　　　责任印制 / 施胜娟

图书出现印装质量问题，请拨打售后服务热线，本社负责调换

让孩子爱上幼儿园

3岁左右是孩子入园的年龄。但是，几乎所有经历过这一阶段的妈妈或者即将经历这一阶段的妈妈，都知晓有一种情况很难应对，那就是孩子不愿意去上幼儿园。

每到上幼儿园的日子，孩子都会表现出各种"不想去"，寻找各种借口尽可能地拖延时间，并拿出他最常用的"哭闹"手段来与妈妈"对抗"。

对于孩子来说，幼儿园就真的是那么"令人恐怖"的地方吗？让他上幼儿园就真的那么困难吗？作为妈妈，我们难道就只能对他的抗拒和哭闹束手无策吗？答案当然是否定的。

孩子不愿意去上幼儿园，自然是有原因的。入园之前，他的主要生活范围是家庭，有着他熟悉的所有人，不管去哪里，他周围也总是围绕着家人，尤其是妈妈的存在让他充满安全感。但到了上幼儿园的时候，他就需要独自走入一个陌生的环境，单独面对一群陌生的小朋友和成年人。这对于3岁左右的孩子来说，是人生所遇到的第一个大挑战，所以他会心生抗拒。而这种心理的诞生，是再正常不过的，从陌生到熟悉，孩子需要时间去调适自己的心理。

这个调适的过程显然不能只靠孩子自己来完成，是需要我们给予帮助的，我们应该帮助孩子从"不爱上幼儿园"变为"爱上幼儿园"。

让孩子爱上幼儿园，并不是多么困难的事情，而是需要用智慧与技巧来解决的，但更重要的，是需要我们内心有爱。

孩子需要上幼儿园，这不是一个冰冷残酷的任务命令，而是他的人生应该去经历的一个阶段，如何让他更乐于接受这样的安排，让他能主动产生想去的意愿，并逐渐爱上这样的集体生活，这是需要我们努力的。

除了在对待孩子方面需要努力，我们自身也需要努力。

看到孩子哭，你会不会很难受？

听到孩子那么可怜地说"我不想去"，你会不会心软，并想要跟他一起打退堂鼓？

没法全程看到孩子在幼儿园里到底经历了什么，你会不会心里发慌？

孩子发生了各种变化，你会不会心绪难平？

孩子去幼儿园了，不仅仅他的心理需要调适，作为妈妈的我们也同样要经历一个心理分离的调整过程。所以，孩子到底能不能爱上幼儿园，不仅需要他自己的努力，我们自身的表现在其中也将发挥重要的作用。

让孩子爱上幼儿园，需要我们付出足够的爱心与努力。具体应该怎么做呢？接下来就让我们在书中寻找答案吧！

目　录

第一章　妈妈，我今天不想去幼儿园！
——探究孩子不爱上幼儿园的原因

孩子对一件正常的事物表现出不喜欢的情感，一定是有原因的。若想要正确引导这种负面情绪，变不喜欢为喜欢，就需要我们从原因入手才可能实现。所以，孩子不喜欢去幼儿园，到底为什么呢？我们要对这其中的原因好好探究一番。

第二章　妈妈，你别走！
——构筑坚实的安全感，缓解入园分离焦虑

入园分离焦虑是孩子不愿意上幼儿园的最主要的因素，但是这种焦虑情绪并非不可避免，也并非不可克服。只要孩子能够感受到足够的安全感，他的紧张情绪就会慢慢放松下来。所以，我们要为孩子构筑坚实的安全感，让他能尽量以轻松愉快的心情开始幼儿园生活。

第三章　妈妈，我不行啊！

——培养能力，帮孩子尽快适应集体生活

幼儿园是孩子接触到的第一个小集体，他将在幼儿园开始他的第一次集体生活。在此之前，绝大多数孩子在家中都享受"私人全服务"。若想要孩子更快地适应集体生活，他的自理能力、与人相处的能力、交往能力等就显得非常重要了。

第四章　妈妈，小朋友都不跟我玩儿！

——培养孩子的人际交往技能

幼儿园是让孩子可以尽情玩耍的地方，因为孩子在那里可以结交到更多的朋友。然而，总有些孩子因为人际交往能力差而难以和其他小朋友和谐相处。所以，我们要将人际交往技能教给孩子，让他能更顺利地融入幼儿园的集体生活。

第五章　妈妈，您和老师说什么了？
——亲师配合让孩子爱上幼儿园

当孩子进入幼儿园后，他就要接受老师的教导，老师的悉心引导对孩子的成长至关重要。有时，妈妈的话会被他当作耳旁风，但老师的话他却铭记在心。因此，我们一定要和幼儿园的老师好好配合，保证双方教育的一致性，通过合力教育来让孩子爱上幼儿园。

第六章　妈妈，幼儿园明天有活动！
——家园合作让孩子更有归属感

孩子初入幼儿园，不适应感是不可避免的。每个孩子的适应能力各有不同，有的孩子能很快适应，有的孩子却要慢一些。要想孩子能更快地熟悉幼儿园，仅劝说、安慰显然是不够的，一个更好的方法就是参与家园合作，陪着孩子一起感受幼儿园的快乐，从而让他对幼儿园更有归属感。

第七章　妈妈，不是您想的那样！
——走出教育模式与教养方式的误区

孩子进入幼儿园，是他人生迈出的一大步。这一步迈得如何，其实是与妈妈的表现有很大关系的。在让孩子接受幼儿园教育这方面，我们要避免走入一些教育模式与教养方式的误区，要让孩子能真正接受到良好的家园共育，并从中有所收获。

第一章

妈妈，我今天不想去幼儿园！

——探究孩子不爱上幼儿园的原因

　　孩子对一件正常的事物表现出不喜欢的情感，一定是有原因的。若想要正确引导这种负面情绪，变不喜欢为喜欢，就需要我们从原因入手才可能实现。所以，孩子不喜欢去幼儿园，到底为什么呢？我们要对这其中的原因好好探究一番。

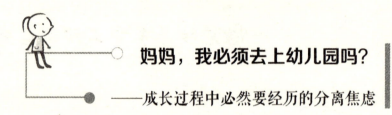

妈妈，我必须去上幼儿园吗？

——成长过程中必然要经历的分离焦虑

分离焦虑，是绝大多数孩子不愿意上幼儿园的一大主因。所谓分离焦虑，就是当熟悉的照料者不在身边时，孩子感受到的忧伤、紧张、焦躁、恐惧等种种不愉快的情绪反应。在多数家庭中，孩子的照料者是其母亲，即母亲的离开会让孩子非常不开心。

英国儿童精神病学家约翰·鲍尔比通过对儿童及恒河猴的观察发现，在经历与其所依恋的对象（如母亲）分离之后，个体的分离焦虑反应会分为以下三个阶段：

第一个阶段（反抗阶段）：个体往往表现为号啕大哭、又踢又闹、不理睬他人。

第二个阶段（失望阶段）：个体虽然依旧在断断续续地哭泣，但动作与吵闹已经减少了，只不过依旧不理睬他人，且表情比较迟钝。

第三个阶段（超脱阶段）：个体开始接受外人的照料，还开始进行一些正常活动（如吃东西、玩玩具等）了。不过，一旦看见依恋的对象（如其母亲），他就又会出现悲伤的表情。

这个规律在很多孩子身上都有所体现。所以，在很多个早上，我们家中可能会上演类似下面的场景：

孩子从睁开眼开始，就一直在哭，表现出对去上幼儿园的抗拒。尽管抗拒的程度是从一开始的激烈反抗到后来的无声流泪，可那种不愿去幼儿园的意愿始终非常强烈。

妈妈不停地说话，或温柔或严厉，或安慰或训斥。一张又一张干纸巾被抽出来，很快就变成了一团又一团湿纸团被丢掉。孩子除了反复表达不想去幼儿园，剩下的动作就是反抗，而且孩子不管做什么都是被动的：要他洗脸，他不动手；要他刷牙，他不张嘴……当妈妈要带他出门时，他就干脆抱住妈妈的腿："妈妈，我不想去……"

妈妈好不容易把孩子带出了门，一路继续或安慰或训斥，直到把孩子送进幼儿园交给了老师，这才无奈地松口气。可妈妈知道，这一天恐怕都要在忐忑中度过，孩子在幼儿园到底哭没哭、闹没闹？老师对他有没有耐心？和小朋友能不能好好相处？有没有好好吃饭、睡觉？……这些问题会盘旋在妈妈的脑海中令她纠结，直到下午见到孩子后才会稍微放松。孩子在下午离园时，幼儿园可能会迎来新一轮哭泣，因为孩子通常会在幼儿园门口哭着说："妈妈，你怎么才来接我啊……"

其实，在这些令人煎熬的时间段，孩子正在经历其成长发育过程中的必然阶段。孩子需要脱离妈妈的怀抱，需要通过与外界的环境及更多的人建立联系来拓展他的成长范围。如果家长处理得当，在经历分离焦虑后，孩子必然会体会到更广阔的成长空间。

与此同时，妈妈也在经历着属于自己的"分离焦虑"。因此，妈妈们要正确认识分离焦虑，从而做到心绪平和。要知道，妈妈的情绪也会影响孩子呢！

我们要明白，这种分离焦虑并非长期存在，消极的情绪体验会随着孩子与外界的接触而逐渐消失。孩子原本就是渴望交流的，他们很希望与他人进行互动，幼儿园显然是一个可以为他们提供这种机会的绝佳场所。所以，对于正常的孩子来说，这种焦虑只是暂时的，如果能获得较好的情感交流，以及更丰富的外界刺激，他的注意力就会被转移。

我们会看到，当孩子再见到妈妈时，有的孩子已经不哭闹了，但有的孩子还会哭闹。这都是正常的，不同的孩子对于分离的感觉，以及对于妈妈暂时不在身边这件事的理解会有所不同，接受这个事实的时间长短也因人而异。所以，我们要做的就是接纳孩子的情感，并帮助孩子顺利度过这一时期。

而我们自己也要意识到，孩子每天因为不愿意去幼儿园而哭闹的表现，并不是他在捣乱，而是他对我们依恋的表现。

孩子终将自己走出去面对这个世界，在这个过程中，他当然会表现得不安。只有我们的包容与鼓励，才能让他逐渐安下心来。我们始终不变的爱，也会让孩子明白，他与妈妈的分离，并不是再也不见，而是正常的生活状态。

当孩子安下了心、形成了新的作息习惯，熟悉了去上幼儿园的生活流程后，他就会慢慢走出分离焦虑，迈向新的成长。

这是哪儿？我不认识他们！

——对陌生环境与陌生人的本能排斥

离开熟悉的环境与熟悉的人，迈入一个陌生的环境，还要与很多陌生的人一起做事，这对于很多成年人来说是一个不小的挑战。因为熟悉的环境与熟悉的人会带给我们安全感，能让我们心无旁骛地做事；而陌生的环境与陌生的人就会让我们变得拘谨，做起事来谨小慎微，生怕出错。

既然对于成年人来说这都不是一件容易的事情，那么我们就应该以一种更宽容的心态来看待孩子抗拒上幼儿园这件事了。

没错！去上幼儿园，对于孩子来讲，就是从熟悉的环境转而进入陌生的环境，并从接触熟悉的人变为接触陌生的人这样一个让人拘谨的过程。孩子对这些陌生会产生一种本能的排斥，他会觉得非常没有安全感，自然就表现得无比抗拒。

孩子刚开始上幼儿园，他站在园门口，忽然不向里走了，用力拉着妈妈的手往后，并说："妈妈，我不想去，我害怕。"

妈妈鼓励说："我们从来没来过这里呀，你不好奇吗？你看这里有好多玩具，还有好多小朋友哦，大家可以一起玩呀。妈妈不骗你，这里特别好玩的。"

哪知道，听了妈妈这样说之后，孩子更害怕了，摇着头说："我不要，我就要和妈妈一起玩。"

妈妈开始反复劝说，告诉孩子这里是新环境，有新朋友，然而孩子最终还是大哭着坚决拒绝，直到老师出面才把他带了进去。

我们以为孩子会被新鲜的事物和人所吸引，但实际上，孩子却会产生本能的恐惧感。这种恐惧感会持续一段时间，孩子要通过和周围人不断接触，才能慢慢适应一个新环境，融入一个新环境。尤其是一些本身就比较内向的孩子，或者在去幼儿园之前并没有太多与外界环境接触机会的孩子，他们对于新环境的适应能力就要弱一些，接受新事物的时间要长一些，融入新集体的过程会慢一些。

在这个过程中，有的妈妈可能会比较着急，觉得孩子太矫情，但实际上，孩子的这些表现是再正常不过的。

从心理学角度来说，这是一种习性学观点。英国儿童精神病学家约翰·鲍尔比认为，人类在进化的过程中，会频繁遇到各种危险，比如，在远古时期，人们常常遇到猛兽，而进化到现代，人们已经不经常遇到猛兽了，那么陌生面孔就等同于猛兽所带来的心理冲击，这使人类心生恐惧并产生回避反应，这就成了生物程序化的自发反应。孩子会随着成长逐渐具备区分熟悉的事物与不熟悉的事物的能力，当他和熟悉的陪伴者分开时，他就会本能地对陌生的环境、陌生的面孔感到恐惧。

因此，从一定意义上来说，对陌生环境的恐惧源于孩子的一种自我保护的本能，是一种自我保护机制。他会心生害怕是再正常不过的一件事，而且是一件好事，反倒是那些毫不畏惧、看见陌生环境就闯、跟着陌生人就走的孩子，我们才更需要担心，不是吗？

给孩子一些时间吧，让他慢慢熟悉幼儿园这个新环境，与老师、与其他小朋友一点点地接触，我们要有足够的耐心，多鼓励、少训斥，不要总提及"你怎么总这么害怕"，而是要经常了解他在这个新环境中与新朋友有怎样的接触和感受，肯定他主动与人接触的行为，鼓励他去交朋友、去表现自己。这样，孩子就会慢慢地融入环境、融入集体，变得开朗起来。

好麻烦呀，老师总管着我！

——不习惯幼儿园的集体纪律

在孩子出生后的前三年，很多孩子在家里都处于"散养"状态，想吃就吃，想玩就玩，想睡就睡，孩子逐渐养成了"怎么舒适怎么来"的生活习惯。虽然有的家庭会在孩子慢慢有自我意识、思想之后就开始有意识地培养孩子形成好习惯，但是家庭中的培养终究是有亲情、宠爱在其中的。尤其是在很多家庭中，父母本身就是独生子女，孩子身处"4+2"的大环境之中，有四位长辈、两位父母，在不知不觉中，孩子更容易习惯于放纵享受。

但幼儿园却并不是这样的环境，什么时间入园，什么时间离园，在没有特殊情况下，这些时间是固定的；什么时候吃饭、什么时候玩耍、什么时候学习、什么时候运动、什么时候睡觉，一般来说，这些项目在一日里的安排也都是相对固定的。相较于较为闲适的家庭环境，幼儿园的环境有更多规矩要求孩子遵守。

而除了这些大环境下的规矩，还有很多细节方面的规矩。例如，玩具或书籍的拿取要有秩序，能物归原处；小朋友不管是上厕所、洗手，还是拿取饭食，都要排队；听老师讲话的时候要认真坐好、专注听讲；等等。

家庭环境与幼儿园环境完全不一样，孩子自己就会感觉到，在幼儿园里需要遵守很多规矩，他不能像在家里那样随心所欲了，不能想做什么就做什么，不能想要什么就得到什么，很多规矩"压"过来，一些原本没有经历过那么多约束的孩子往往会感觉非常不适应。

一个孩子从幼儿园回家后就很不开心地告诉妈妈："幼儿园不好玩！我不想去了！"

妈妈有些紧张地问："为什么？和小朋友打架了？"

孩子摇摇头说："老师不让我玩玩具，也不让我吃东西。"

妈妈吓了一跳，安抚了孩子两句，赶紧和老师联系。原来，孩子在听老师讲话的过程中，突然就站起来要去玩具区玩，被老师劝了回来；而在玩的时候，他又忽然对老师说要吃蛋糕、吃苹果、吃糖，也被老师温柔地拒绝了；小朋友需要排队拿玩具，他则上前去抢，老师当然也要劝说他两句……一天下来，孩子的行为屡次被劝阻，他当然会觉得自己玩得一点儿都不开心。

听了老师的解释，妈妈这才松了口气，孩子以前在家里太散漫了，从来没人约束他，他没有时间的概念，总是自己想做什么就做什么，现在上了幼儿园，受到规矩的约束，他觉得各种不适应。

　　孩子会本能地选择让他觉得习惯且舒适的状态去生活，这也是我们为什么强调要培养孩子有好习惯的原因，一旦习惯养成，就不是那么容易更改的。越小的孩子会越愿意待在熟悉的环境之中，他对任何改变都会感觉不适应——他习惯做的事情忽然被禁止了，他想用以往的方式让自己感到舒服却不被允许了……屡次三番之后，他自然就会产生排斥心理。

　　所以我们也要好好观察孩子，他不愿意上幼儿园，可能只是因为要开始学习规矩了，开始被集体纪律约束了，他原来在家里可能并没有注意到，或者没有被特意约束过，而当他进入集体之后，需要遵守的规矩变多了，他会不习惯。

　　只要确定幼儿园培养孩子的是好习惯，我们就完全可以顺应幼儿园的安排，帮助孩子调整那种"无组织、无纪律"的状态，让他尽快适应集体生活。

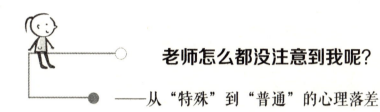

老师怎么都没注意到我呢？

——从"特殊"到"普通"的心理落差

如前一节提到的，现在很多孩子一出生便身处于"4+2"的家庭环境之中，甚至有很多孩子还可能是处于一个"N（$N>4$）+2"的环境之下，不仅仅有父母给予的爱，家庭（或家族）其他人也纷纷"不遗余力"地"奉上"自己的爱。长期处在这样的生长环境中，孩子会不知不觉地产生一种"我是中心"的感觉，他慢慢习惯于被照顾，习惯于被所有人捧在手心，习惯于凡事以自己为先。

孩子回家后一个劲儿地向妈妈哭诉："老师不喜欢我……"妈妈仔细询问，孩子断断续续地边哭边说。原来，她看到主班老师给别的小女孩梳辫子，却没有给她梳，而她的辫子是副班老师给梳上的；她看到老师耐心地给别的小朋友拿了玩具，却没有理会她的呼唤，只是让她自己好好玩；她想和老师一起待一会儿，但老师很快就被别的小朋友给叫走了……

妈妈有些哭笑不得，老师要面对十几个孩子，的确有些应接不暇。妈妈劝孩子，告诉她老师没有不喜欢她，但这个才3岁多的小姑娘显然并没有体会到这一点，她只觉得自己是不被老师重视的那一个，她感到非常伤心。

最后，孩子告诉妈妈："老师不喜欢我，我也不喜欢她了，我明天不要去幼儿园了。"

妈妈倍感无奈。

一下子失去"中心"位置，很多孩子对幼儿园生活倍感失望。可正如这位妈妈所理解的，老师要同时兼顾十几个甚至二十几个、三十几个孩子，他并不能将注意力始终集中在某一个孩子身上。而习惯了在家中被360°"无死角"关注的孩子，一下子经历这种心理落差，内心出现不舒服的感觉也就成了必然。

有的孩子为了引起老师的注意，就会做一些奇怪的、出格的事情，希望能让自己在幼儿园也获得重视。

孩子上幼儿园才两个星期，每天都不愿意去。离园的时候，妈妈去接他，老师就向妈妈反映"孩子一天哭了好几次"，并提醒妈妈回家看看孩子是不是身体不舒服。

回家后，妈妈问孩子："你上幼儿园怎么总哭呢？还哭了好几次。"

孩子却说："我一哭，老师就喜欢我了，就会过来哄我。"

妈妈哭笑不得，原来孩子是在用哭来吸引老师的注意力，让自己获得老师的重视。

与案例中的行为类似，有的孩子会用尿裤子、大声喊叫、在地上打滚、呕吐等各种奇怪的方式来吸引老师的注意，让老师能多陪在他的身边。不过，很多孩子在刚入园的时候由于心情不佳而常生病，所以我们不能一味地认为孩子只是在吸引老师的注意，还要注意孩子的身体健康问题。

处境改变会让很多孩子产生心理落差，只不过有些孩子能很快适应，有些孩子则显得很困扰，可能会感到不安，可能会闹情绪，这就需要我们和老师共同协作来帮助他们调整心态，以便更好地融入集体。

哎？我看见妈妈了！妈妈来接我了吗？

——妈妈有比孩子更严重的分离焦虑

　　孩子上幼儿园会遭遇分离焦虑，他会哭闹不止，用各种方式来反抗，于是我们努力寻找他不愿意上幼儿园的原因，然后想办法解决这个问题。但这其中有一个原因，却是需要我们自身作出调整的，那就是我们自己其实有着比孩子更为严重的分离焦虑。

　　一位妈妈就很焦虑地讲述自己的经历：

　　"早上孩子在幼儿园门口哭闹了一会儿，最终还是乖乖地跟着老师进去了。看着她哭闹的样子，其实我心里非常难受，但我还得忍着，不能在她面前表现出来。我想抱她一下，但被老师拒绝了。我觉得这真残忍。

　　"后来，因为着急去上班，我不得不走。但我在去单位的路上，心里非常不平静，总想着孩子会不会继续哭、会不会想我。

毕竟，她从来没有离开我而独自做过什么事情……

"我始终担忧不已，当天都没什么心情工作，结果犯了好多小错误。我就没放下过手机，总是隔几分钟就翻看一下幼儿园班级群，看看她有什么新动态。后来，我实在坐不住了，下午提前去幼儿园门口等着。

"门卫师傅一看见我就说：'你来太早了，还有一个多小时才散呢。'可我有什么办法？我真是太担心了，一想到她早上哭成那个样子，我这心就'揪'得特别疼。我的小可怜，得多想妈妈啊！"

说到这里，我们可以看出，这哪是在说孩子对妈妈的思念，这分明就是妈妈对孩子的万分不舍啊！相较于孩子，显然这位家长的分离焦虑更为明显。

因为孩子心思单纯，他的注意力可能很容易就被其他新鲜事物所吸引，虽然离开妈妈很难过，但一看老师这么温柔细心，还能和这么多小朋友一起做游戏、玩闹，他会在一瞬间放下了那种难过的心情，愉快地投入当时的活动中。

而成年人则不然，成年人可以做到"一心二用"：手里忙着工作，心里却总也放不下孩子的事情；一边手头忙碌，一边内心忙碌。这无疑会让成年人变得更为焦躁。而且，作为妈妈，我们往往又会有更为"丰富"的想象力，总会不自觉地将事情往坏的方面想象，担心孩子会不会受委屈、会不会因为想妈妈而哭闹不止、会不会生病，这些负面的担忧往往会把我们的情绪带到低谷。

有的妈妈因为实在担心孩子，甚至会在幼儿园周围不停地转悠，从门缝间、栅栏外、树叶间隙向孩子所在的方向张望，如果有机会进入幼儿园，就会躲在门口、窗户旁，将目光锁定孩子的身影。

这种做法其实很"危险"，一旦孩子看见了在外面张望的妈妈，就如前面所提到的那个"分离焦虑"三阶段中的第三阶段，他的不舍情绪就会被调动起来，那种委屈会再次喷发。而且，因为妈妈只是来看看，并不是带他离开，所以当妈妈不得不离开时，他那种被"抛弃"的感觉反而会更加严重，这无疑会加重他的分离焦虑。如此一来，妈妈也会更加担心孩子，这显然进入了一个恶性循环。

由此可见，若想正确处理孩子的分离焦虑，我们就要先好好调整一下自己的焦虑心情，当我们变得理智、稳重，而又没有放弃爱的时候，孩子也会从我们这里感受到坚定，也会逐渐安心，不再有那么多担忧。

你再哭，就送你去幼儿园！

——给孩子建立了糟糕的幼儿园形象

　　吓唬孩子，是很多家庭中都用到的一种教育方式，似乎经过一番吓唬，孩子就"乖"了，就能按照妈妈所说的去做了。在所有的吓唬语言中，就有一类与幼儿园有关的内容。

　　"你再哭，就送你去幼儿园！"

　　"你怎么不听话？干脆送你去幼儿园好了！"

　　"你赶紧去幼儿园吧，去好好学学规矩吧！"

　　"又不听话了？我看你还是去幼儿园吧！"

　　……

　　试想，当一个幼小的孩子，一个正在与世界建立广泛联系的孩子，在其生活中频繁听到的一个词语——幼儿园，而这个"幼儿园"竟然和他不听话、不乖的行为联系到一起，并带有惩罚性质。可想而知，这个"幼儿园"一定不会让他感觉到快乐，甚至还会让他觉得害怕。等到真正要上幼儿园的时候，孩子会心生排斥也就不足为奇了。

有一个很活泼的小男孩，在家里表现得非常好，但就是不愿意上幼儿园，每到周一去幼儿园的日子，他就大哭大闹，每次都是被家里人训斥一顿后，才极不情愿地走出家门。

有一天，小男孩和一群小朋友一起玩，一个小女孩突然号啕大哭起来。周围几个孩子先是不知所措，后来就七嘴八舌地哄劝这个小女孩，有的说"你别哭了，我给你擦眼泪"，有的说"我们一起玩"，还有的说"我给你吃好吃的"。小男孩一开始也和其他孩子一样哄劝小女孩，但她的哭声始终未止，小男孩终于忍不住了，大吼道："你再哭！再哭我就送你去幼儿园！"小女孩立马不哭了，呆呆地看着他。

好熟悉的场景啊！旁边的家长们尴尬地笑了。

可能是这句话听得太多了，小男孩才条件反射似的用同样的话训斥小女孩。但从孩子自身的反应来看，也正是由于家人频繁地这样吓唬他，他才会如此抗拒上幼儿园吧。

我们总觉得吓唬是管用的，经过吓唬，孩子不再闹了，也不再反抗了。虽然在当时看似有效，其实却在他内心播下了一个"幼儿园是个可怕的地方"的种子。等到我们要送他去上幼儿园的时候，他可能就会联想到"是不是因为我不乖才送我去的""我现在没有哭，为什么还要去""我已经不闹了，所以我不想去"，在他看来，幼儿园是一个惩罚之地，是好孩子不会去的地方，他当然不愿意去。一旦真的被送进幼儿园，他就会有被抛弃的感觉。

有的妈妈在教育孩子的时候甚至会说："你再哭，幼儿园老师就该训你了。""幼儿园是可怕的地方，里面的老师也会训人"，这无疑增加了孩子对幼儿园的恐惧感。

可见，在这种前提下如果孩子拒绝上幼儿园，就不是孩子的问题了，而是我们的做法欠妥。我们给他建立了一个糟糕的幼儿园形象，让他心生拒绝。要想改变这种情况，就得从我们自身着手。不过，要扭转孩子内心对幼儿园的糟糕印象，我们得好好费一番功夫。

所以，提醒更多还未将孩子送去上幼儿园的妈妈，如果有在未来送孩子进入这个集体的意愿，那么从一开始就不要用幼儿园、幼儿园老师来吓唬孩子。孩子在还没有亲自探索这个世界之前，对周围事物的判断都来自身边的人。身边人（尤其是妈妈）对周围事物的看法会对孩子产生非常大的影响。我们要让孩子从一开始就明白，幼儿园是他能融入的大集体，是他可以结识更多伙伴、学到更多知识的好玩的地方。一旦心生向往，孩子就将乐意去上幼儿园了。

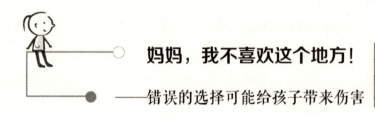

妈妈，我不喜欢这个地方！

——错误的选择可能给孩子带来伤害

很多时候，我们其实并没有真正弄清楚孩子所说的"不喜欢"到底是不喜欢是什么。我们会很想当然地以为，孩子不喜欢去幼儿园就是在耍赖，就是他不听话的表现，然后当孩子继续哭着说"不愿意去"的时候，我们再强硬地把他塞给老师。

虽然前面提到的一系列原因都在分析孩子为什么不愿意去上幼儿园，但是有一个原因却是需要我们真的去认真观察与倾听的，那就是孩子很直接地说："妈妈，我不喜欢这个地方。"

一般来说，孩子一开始都不喜欢去上幼儿园，但绝大多数孩子不会说"不喜欢这个地方"，而是表达"我不想去"。因为不管是分离焦虑还是其他什么原因，孩子都只会出现一种心理上的焦虑情绪，但他没法抗拒一些快乐的事情，尤其在他进入幼儿园之后，有老师的温柔对待，有小朋友一起玩耍，再加上丰富多彩的学习与活动，他的对立情绪会很快就会有所改变。

这些变化是可以从孩子的言谈中捕捉到的。

比如，在离园的时候，有的孩子哭可能是因为一天没看见妈妈，但如果我们用幼儿园有趣的回忆来引导他，就会发现他能讲出很多好玩的事情来，或者他整体的情绪其实并没有那么糟糕。

而当孩子强烈表达"我不喜欢这个地方"，并频繁表述时，可能意味着他在幼儿园经历了让他感觉不愉快的事情，而且这件事情可能很严重，也可能经常发生，这才让他对幼儿园心生厌恶。

此时，我们需要做一系列工作，比如，认真仔细地观察孩子的身体，通过简单的问话来了解孩子在幼儿园的日常生活，问问他对老师的感觉。同时，我们还要和其他父母进行沟通，从其他孩子的口中来综合了解自己孩子所表达的内容是否属实。另外，我们要与老师进行确认，或者亲自去幼儿园了解一下，以确保掌握真实情况。

有的孩子说"不喜欢"，其实只是一些小事。比如，老师没有关注他；他犯了错而受到了老师的批评；和小朋友吵架了、打架了；自己没有拿到喜欢的玩具；等等。这样的"不喜欢"只是一种暂时的情绪，孩子对幼儿园的整体感觉还是快乐的。

但是，有的孩子的"不喜欢"却是持久的，他可能每天都会说一遍，也可能会用哭闹不断提醒我们。对于后一种"不喜欢"，孩子对幼儿园的抗拒心理会格外强烈，往往会持续非常久，他的整体情绪状态会不断下降，甚至会因此生病。

一旦确定是属于后一种"不喜欢"，我们就要对此事格外重视了。一方面，我们要维护孩子的自身权益，减少伤害给他造成的负面影响；另一方面，我们要与幼儿园交涉，分清责任，保护孩子不会继续受到伤害。

也就是说，当孩子说"不喜欢"而拒绝去上幼儿园的时候，我们除了要考虑孩子的问题、我们自身的问题以外，还要考虑幼儿园的问题，有可能这真的是一所不合适的幼儿园。它也许与孩子本身的性格特点不相符合，也许与孩子所需要的成长环境不相适合，当然也可能是我们最不愿意看到的原因——该幼儿园本身就不具备良好的教育资质，其环境或老师都有可能对孩子造成身心伤害，等等。

所以，我们要做一个细心、耐心、勤于思考的妈妈，要理性应对孩子对幼儿园的抗拒情绪，既不能过于关注，也不能置之不理。我们只有冷静、理智地去对待这个问题，才能为孩子选择真正有利于他成长的好环境，避免他受到伤害。

第二章

妈妈，你别走！

—— 构筑坚实的安全感，缓解入园分离焦虑

入园分离焦虑是孩子不愿意上幼儿园的最主要的因素，但是这种焦虑情绪并非不可避免，也并非不可克服。只要孩子能够感受到足够的安全感，他的紧张情绪就会慢慢放松下来。所以，我们要为孩子构筑坚实的安全感，让他能尽量以轻松愉快的心情开始幼儿园生活。

今天，我们去认识一个新地方

——带孩子提前熟悉幼儿园

　　孩子上幼儿园这件事不是家长今天做决定，明天就直接送孩子入园的，而是需要一段时间来"预热"的。那么，在这段准备期里，我们不妨带着孩子去提前熟悉一下幼儿园，至少让他知道他即将要去一个陌生的地方，这个地方在哪里、里面有什么，让他提前有一个心理准备。

　　还有两个多月，坤坤就3岁了，妈妈开始为他寻找合适的幼儿园，从地理位置、教育特色、环境情况等方面，妈妈进行了综合分析与比较，最后选定了离家比较近的一所幼儿园。刚好，幼儿园在每一个入园季都有体验课，于是妈妈很积极地加入了园里的微信群，通过和老师交流，她对幼儿园有了更多了解。

　　体验课当天，妈妈带着坤坤一起走进了幼儿园，孩子一走进幼儿园就很兴奋，漂亮的墙壁、地面上画满了各种卡通形象，操场上的滑梯和各种大型玩具让他跃跃欲试。进入班级后，坤坤惊讶地发现和他差不多大的小朋友们聚集在一起，认真地听着老师讲话，和老师一起唱歌、做操。吃饭的时候，大家都凑在一起，坐在小椅子上，用着统一的小碟子、小碗，饭菜、加餐都非常美味。到了自由活动的时间，大家一起做游戏、看书、玩玩具，气氛好极了。

体验课只有半天，到了中午要离开的时候，坤坤都有些依依不舍了。走出幼儿园大门，他边走边回头看着，问妈妈："妈妈，我以后还能来吗？"妈妈笑着说："当然可以呀。你喜欢这里吗？"坤坤笑着点头。妈妈觉得这是一个很好的开始。

幼儿园从外在环境上来看，一般都色彩丰富，很吸引人。园里的那些大型的玩具也很容易吸引孩子的注意力。但对于孩子而言，这里终究是一个陌生的地方，如果毫无准备地直接送他入园，并把他一个人留在这里，即使这里很好玩，他也会心生恐惧。所以，前期的熟悉过程必不可少。

像上面这个例子里提到的，很多幼儿园都会安排体验课。如果准备让孩子上幼儿园，我们不妨带孩子多参加几次这样的课程，让他感受幼儿园的氛围，感受上课、游戏的乐趣，通过观察其他孩子的状态来感受集体活动的气氛，从而调动他对融入这种情境的向往。我们和孩子一起去参加体验课程，也能通过观察和体验来感受幼儿园的教育特色，还能从老师的表现、孩子们当时的反应与状态来更好地了解幼儿园的基本情况。

带着孩子去提前熟悉幼儿园的时候，我们不一定要强调"你以后也要去"，最开始可以带着他去看看，然后经常带他经过幼儿园，并向他简单介绍这是什么地方，告诉他这儿是做什么的，为什么有那么多小朋友。每天给孩子介绍一点，让他逐渐对幼儿园熟悉起来，最好能产生想要主动加入的意愿。

所以在幼儿园的选择上，我们也需要注意，应尽量选择不那么远的地方，能够让孩子经常路过，可以频繁接触到，这样他就不会有太强烈的陌生感，再加上曾经进幼儿园体验过，相信他也会慢慢放下心来，等到真正入园时，分离焦虑也会很快过去。

这是一个好玩的地方哦！

——引发孩子对幼儿园的兴趣

　　若想要让孩子喜欢上一个陌生的地方，就一定要引发他对这个地方的兴趣。有了兴趣，他才乐于去接近，之后他才会更容易融入。

　　对待幼儿园也是如此，不管怎么说，这里终究是一个孩子以前从来没去过的地方，里面是什么样子的，有什么东西，会发生什么事，他都一无所知。只有让孩子发现这是一个好玩的地方，引发他对这里的兴趣，他才会在日后更愿意接近与融入。

　　六一儿童节的时候，离家不远的一所幼儿园举行了热闹的演出活动，活动半公开，登记后就可以参加。妈妈带着马上要满3岁的儿子也去参加了，还没去的时候，妈妈就告诉儿子："今天我们去的地方可好玩了，有好多小朋友演节目呢，还有好多小游戏。"儿子很兴奋，到了幼儿园，他果然看到了好看的节目，看到了好多小朋友，还和大家一起吃零食、做游戏，玩得满头大汗。

回家路上，妈妈问儿子："好玩吗？"

儿子抱着老师送给他的一个气球说："好玩，以后我们还去玩吧！"

妈妈笑着点头："好呀，以后等你也到了上幼儿园的年龄，妈妈就带你去。"

儿子很开心地回头看了看幼儿园，生怕妈妈反悔似的说："真的吗？太好啦！"

能吸引孩子的事物，他会心生留恋；能让孩子感兴趣的地方，他会更愿意再次踏入。所以当孩子对幼儿园产生足够兴趣时，他也会对那里心生强烈的主动想要去的意识。

那么这个地方的好玩之处应该如何向孩子展现呢？

选择幼儿园活动的时间，带孩子去看看。

这里的"活动"包括两种类型：一种是广义的活动，就是指幼儿园的小朋友们一起做操、做游戏、玩耍的日常简单活动；另一种就是特指的活动，比如像前面例子里提到的六一儿童节、开放日等活动。一般来说，孩子对于这种热热闹闹的活动都非常好奇，这个年龄段的孩子也会对加入集体活动产生兴趣。所以，在幼儿园举行活动的时候，我们不妨带着孩子去看一看，如果有机会加入就更好了。孩子身临其境，亲身体验活动的乐趣，更容易让他对幼儿园产生兴趣。

而实际上，通过幼儿园活动的举办情况，我们也可以对幼儿园的办园特色、教学能力等方面有所了解，会对老师和孩子之间的互动情况有大致的体验，这无疑也会帮助我们判断是否送孩子上这所幼儿园。

参观幼儿园的时候，注重孩子的体验。

在参观幼儿园时，就要关注他在幼儿园中的体验究竟如何，看看他有哪些感受，对哪些方面表现出喜欢，又对哪些方面缺少兴趣，如果孩子对大多数方面都觉得不错，只是在一些小细节（如老师的安排、管束等）方面觉得不适应，那就没有问题，我们只需要日后培养他的好习惯就可以了。

但是，如果孩子没有想要接触的意愿，并不想加入幼儿园的生活中，那我们就要考虑这所幼儿园是不是合适，是否需要重新选择幼儿园。如果我们做父母的对这所幼儿园的体验很好，我们就要考虑，是否是孩子年龄太小还有些胆怯，所以，我们也可以考虑让孩子过一段时间再来体验一次，也许他会有新的感受。

与其他孩子或孩子的父母多交流，调动孩子的兴趣。

幼儿园好玩不好玩，除了让孩子自己去体验以外，我们还要和其他孩子、孩子的父母进行交流，尤其要找机会和已经入学的孩子交流，因为对于幼儿园的感觉，他们的体验要更丰富，这样我们就能对幼儿园有更为详尽的了解。这其中就会出现一些比较好玩的内容，我们可以把这些好玩的内容也讲给孩子听，引发他的好奇心，让他对幼儿园产生更大的兴趣，并萌发想要去尝试的心思。

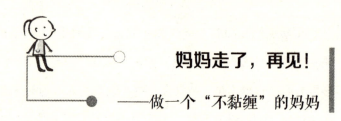

妈妈走了，再见！
——做一个"不黏缠"的妈妈

在送孩子上幼儿园后，有的妈妈感觉松了一口气的，因为自己工作繁忙，或者其他事情太多，实在无暇顾及孩子，孩子进入幼儿园后，妈妈觉得自己的时间终于回来了。但有的妈妈则不是了，当一直在身边的孩子有一天突然入学了，她的内心就会变得空落落的，相较于孩子已经慢慢平稳的情绪，妈妈的不舍情绪可能更多一些。

一位妈妈就记录了自己最开始送孩子上幼儿园的心情：

在送孩子上幼儿园的前三天，我每天晚上都会哭，孩子反倒过来安慰我，拿纸给我擦眼泪，并说："妈妈，别哭了。"

第一天把孩子送进幼儿园，他没有哭，乖乖地坐在教室里，老师给吃的他就吃，给玩具他就玩。但是我却看着很难受，回到家后我心里就一直空落落的。面对空屋子，我不知道自己要做什么，心里总担心孩子有没有喝水、有没有吃饭、有没有午睡。

等到下午，原本 5 点 15 分才去接孩子，可我 4 点就去了，孩子的班还没放学，我心里很焦急。后来，孩子班级的小朋友们终于出来了，我第一个冲到门前，看到他的时候我都快哭出来了。而孩子看到我的表情，突然大哭起来，我一下子受不了了，也掉下了眼泪。

第二天早上再去幼儿园的时候，孩子刚进教室就哭了，我和他爸爸心里更难受了，想再多陪他一会儿，可老师劝我们离开教室。我舍不得走，偷偷从窗户外往里看，孩子看见我了，他哭着对我张开手，我忍不住又哭了起来。后来又是老师把我们劝走了。一路上，我特别难过，到家也不知道干什么，没吃早饭，中饭也不想做，更不想吃了。我满脑子都是"我的宝贝，在干什么"。

这种难舍的心情我们可以理解，但是这种黏缠的状态却是不值得提倡的。孩子会根据妈妈的状态来调整自己的状态，他会从妈妈的表现来判断自己可以有怎样的表现。原本就因为离开妈妈而有分离焦虑的孩子，若是看到妈妈这么黏缠、哭泣，他也会更加难过，他会认为"原来上幼儿园是一件这么不好的事情，不只我会哭，妈妈也在哭"，一旦这种印象不断加深，他的分离焦虑会更加顽固。

我们可以尝试从以下几个方面调整自己。

首先，调整心态。

孩子去上幼儿园，初次尝试离开妈妈，这是他成长必经的过程，我们应该为他加油鼓劲，而不是悲伤眷恋。如果我们能理智地调整好自己的心态，快乐地看待孩子去上幼儿园这件事，他也会感受到这份快乐，而不会认为自己去上幼儿园是一件委屈的事。

孩子去幼儿园，是他人生迈向独立的一大步，是很具有纪念意义的一大步，他将走向更广阔的天地，这是一件多么令人兴奋的事情。我们不可能把孩子约束在身边一辈子，不可能看护他一辈子，放手是必然的，不如用笑容来给他以鼓励，也给我们自己以鼓励。

其次，坚定转身。

做不黏缠的妈妈，有一个最简单的方法，那就是把孩子送到幼儿园之后，和孩子说"再见"，然后坚定地转身、离开。这是有道理的，你离开得很坚定，孩子也就没法继续与你黏缠，他就不得不把精力集中到老师、小朋友、游戏、吃饭等上面，这些都能很快转移他的注意力，让他忘记与妈妈分别的悲伤。

一位妈妈讲道："我第一天送孩子去幼儿园，临走前，我想抱抱她，但老师温柔地拒绝了。老师提醒我，他们会好好照顾她，让我放心。然后，老师就让孩子和我挥手'再见'，之后就领着孩子进了班级。当时我还觉得老师有些不近人情，但后来一想，对啊，孩子不再和我黏缠，说明她不会舍不得我走，这难道不是最好的分开状态吗？"

老师的做法很有道理，如果我们总拉着孩子，抱着他再亲一下、再抱一下，这肯定会没完没了。孩子也许已经做好了心理准备要进入班级，没想到妈妈这么不舍得他，他的心里一定会有所动摇，那么我们之前的努力就都白费了。所以，我们不妨干脆一些，坚定转身，挥手再见，断了自己的黏缠，也给孩子一份安心。

再次，转移焦点。

这里所谓的"焦点"，是我们在将孩子送到幼儿园之后的注意力的所在。前面那位妈妈，即便将孩子送去了幼儿园，但她关注的依然是孩子的状态，结果自己茶不思、饭不想，把自己搞得精神疲惫，还要整日伤心担忧，这是完全没必要的。

孩子去的是幼儿园，凡是资质合格且教育观念正确的幼儿园对孩子的日常生活安排都是没有问题的。想想看，孩子在幼儿园里有吃有喝有人陪着玩，还能学到规矩、知识，并且能结交到好朋友，做以前做不了的游戏，他一天下来会过得充实而快乐，他的情绪只在入园和离园这两个时间点会发生变化。如此来看，我们这种在家过分担忧的态度是不是有点多此一举呢？

所以，当孩子进入新的阶段，我们也要调整自己的状态，过"新"的生活，该工作时就好好工作，该做家务时就认真做家务，有自己的时间了就多看看书、见见朋友、学些小技能，哪怕在家琢磨菜谱，那也是一件有意义的事情。

最后，快乐拥抱。

摆脱黏缠，有一个很简单的方法，那就是快乐拥抱。每天早上送孩子去幼儿园之前，和孩子快乐拥抱，你笑着抱抱他，他也就没有那么难过了。哪怕是在哭的孩子，接收到妈妈的笑脸和温暖的拥抱后，情绪也会安稳许多。剩下的事情交给老师就好了，我们要相信老师，他们会有多种方法转移孩子的注意力，帮助他融入集体生活。

我们一定要做一个不黏缠的妈妈，当我们坚定而乐观时，孩子也会受到感染。

你在幼儿园玩什么了？

——用有趣的回忆来加深孩子对幼儿园的好印象

刚上幼儿园没几天的孩子，在接他回家的路上或者回到家后，你会问他些什么问题呢？这需要我们好好思考一下，因为如果问的问题不合适，就有可能唤醒孩子不愉快的回忆，而如果孩子总是在思考这样的内容，可并不利于缓解并消除他的分离焦虑哦。

先来看这样一个例子：

妈妈接孩子离园，一接到孩子，她就把孩子抱了起来，连亲了好几口，然后就问："有没有想妈妈？"

看到孩子点头，妈妈又问："今天吃的什么？是不是没有妈妈做的好吃？我们（宝贝）受委屈了，回家妈妈给你做你爱吃的小蛋糕好不好？在幼儿园有小朋友欺负你吗？老师有没有好好照顾你？没事啊，回家让爸爸陪你玩。"

随着妈妈越说越多，孩子的眼圈越来越红，最后他忽然搂着妈妈的脖子说："妈妈，明天我不想去了。"

妈妈一听，更心疼了，连忙说："哦哦，好好好，我们今天先回家，我们（宝贝）今天受委屈了，一个人去幼儿园好委屈的是不是？回家，我们回家啊。"

孩子为什么忽然开始哭？因为妈妈用一连串的问题勾起了他曾经被压下去或者已经消散了的不愉快的情绪。比如，想妈妈了；吃了不是妈妈做的食物；小朋友彼此的无意抓碰；老师一时没有关注到的失落瞬间；等等。妈妈一旦"唤醒"了他的不愉快记忆，他就一定会感觉自己明天不再想去幼儿园了。因此，这是一种错误的交流方式。

那么来看看下面这位妈妈是怎么做的：

看见孩子从幼儿园里跑出来，妈妈给了他一个拥抱，然后站起身，拉着他的手一起走，并问："今天在幼儿园好玩吗？"

孩子大声说："好玩！"

"呀！好玩呀！真棒！"妈妈笑着说，"是做游戏了吗？能告诉我吗？"

孩子继续说："妈妈，你看着啊……"孩子伸着小手，把新学到的手指操立刻给妈妈做了一遍。妈妈被逗得哈哈笑，还跟着孩子学了起来。

妈妈又问："今天滑你最喜欢的滑梯了吗？"孩子兴奋地说：

"滑了！老师教我们排队了，我排队滑的，都没抢。妈妈，我棒吗？"妈妈自然一阵欢喜，竖起大拇指给了孩子一个赞。

回到家，孩子说："妈妈，中午睡觉的时候我哭了，因为我想你了。"

妈妈又抱了抱她说："妈妈也想你。不过妈妈知道你一定会玩得开心，除了滑滑梯你还做了什么喜欢的事呀？"

孩子想了想说："我还画画啦！"

妈妈说："哇！太棒了，宝宝最喜欢画画了，你都画了什么呀？"

"我画了大狮子、大老虎，我还画了一只蓝色的小兔子。"孩子一边说一边笑着。

"你画了蓝色的小兔子呀！那它吃不吃胡萝卜？"妈妈故作惊讶地问。

孩子开心地说："它吃的是粉色的胡萝卜！"说完，自己哈哈大笑起来。

"幼儿园有这么多好玩儿的呀！那我们明天要早早去幼儿园好不好？"妈妈问。

"好的！"孩子高声回答，"我还要排队玩大滑梯！我还要画很多画！"

这就是一个引发孩子对幼儿园美好回忆的参考榜样。孩子在幼儿园的一天，原本就应该有这么多好玩的事情，那些小情绪，不过是他在幼儿园快乐生活的小插曲，如果我们故意提及，只会让他越来越沮丧。

我们应该唤醒孩子那些有趣的记忆，让他加深对幼儿园的好印象，哪怕他曾经在幼儿园里发生过不愉快，他也不会记得太久。更何况，只要是在正规幼儿园，孩子所谓的不愉快也不过是和小朋友闹了别扭，或者是需求没有被立即满足而已，而这些正是他需要适应和做出改变的。当我们对孩子的快乐表示出关注，孩子就会更乐于向我们展现快乐，随着快乐的记忆渐渐多起来，分离带来的焦虑和感伤也会慢慢淡去，他也会更加适应幼儿园的生活。

当然，回忆美好的事情并不意味我们忽略孩子负面的情绪。当孩子主动向我们表示出对某件事情的困惑和沮丧时，是他在向我们求助。此时，我们就要先安抚孩子，站在孩子的角度看待他的负面情绪，用理解和支持赢得孩子的信任，并给出恰当的建议来帮助他消除负面情绪，找到快乐阳光的一面。

在孩子入园初期，我们要耐心面对孩子种种的情绪变化，不要错误地引导孩子，当然也不能刻意掩盖孩子的负面情绪。如果孩子的情绪不算好，我们要先处理好他当下的情绪，再和他一起回忆好玩的事情，快乐地结束一天。这样做要远远好过我们在担忧中去怜惜孩子。

我们每天都要去哦

——尽可能保证孩子的高出勤率

孩子也是有惰性的，如果我们不能坚持帮他养成"每天去幼儿园"的好习惯，而是让孩子时去时不去，甚至顺着他的意愿来决定要不要去幼儿园，那么孩子将频繁经历分离焦虑，就会越来越不愿意去幼儿园。

很多妈妈对这一点并不在意，似乎总认为，幼儿园生活以玩为主，不需要每天按时到，甚至不需要每天都去，一切顺从孩子的意愿就好。于是，孩子去幼儿园的状态就变成了下面的样子。

老师每天早上都会在班级群中收到这样的一些消息：

"老师，今天××晚点去，请给我们留饭。"

"老师，今天我们要休息一天。"

"老师，今天××吃完早饭再去，起晚了。"

"老师，我们这两天要回老家，请几天假。"

"老师，我要提前来接××。"

······

老师对此也有些无奈，毕竟不能强迫所有家长都坚持送孩子，虽然在开学的家长会上，老师就已经反复强调过，"请各位家长，一定坚持送孩子来幼儿园，如果没有特殊情况，请不要随意迟到、早退。请配合幼儿园，帮助孩子养成良好的习惯"。显然，并不是所有的爸爸妈妈都能严格遵守这一条。

很多妈妈会有类似这样的一些想法：孩子起床晚了，当然就得晚去了；上幼儿园而已，还不是顺着我们成年人的时间来；反正一两天不去，也没什么······

孩子好习惯的养成，不仅需要时间，还需要毅力，如果我们不坚持让他每天都去幼儿园，三五天就自行给他放"小假"，他也会从我们的态度意识到，去幼儿园并不是什么重要的事情，而他也可以顺从自己的意愿为所欲为。我们可能觉得小孩子就应该随意一些，可是随意的态度一旦养成，再想让孩子养成有规律的生活习惯就不那么容易了。

3岁左右不仅是孩子上幼儿园的年龄，更是孩子在各方面开始飞速成长的关键时期。能否按时去上幼儿园、能否按时作息，这些生活的小细节对孩子的人生产生着很大的影响。合理的作息、有规律的生活习惯，会让孩子有一种稳定的安全感，而"三天打鱼，两天晒网"的生活态度则会让孩子感到无所适从。所以，我们一定要让孩子养成坚持上幼儿园的好习惯，这对他的健康成长非常重要。

所以，不要给自己和给孩子找任何借口，坚持送孩子上幼儿园，坚持准点接送，这不仅会让孩子养成好习惯，也会帮助我们自己养成规律的生活习惯。在这方面，我们一定不能只关注孩子的意愿。有的孩子会说"我没睡醒"，有的孩子会说"我肚子疼"，还有的孩子会说"我不喜欢吃幼儿园的早饭"，等等。我们要判断孩子所说内容的真伪，要看到他真实的小意图，其实他就是想拖延时间直至不去。

作为妈妈，我们一定要让孩子意识到，去幼儿园不是一件随意的事情，幼儿园不是可去可不去的，早晨起床也不能想什么时候起就什么时候起。当我们正视这件事，并保持坚定的态度，孩子也就会随着我们养成良好的作息习惯。

第三章

妈妈，我不行啊！

——培养能力，帮孩子尽快适应集体生活

　　幼儿园是孩子接触到的第一个小集体，他将在幼儿园开始他的第一次集体生活。在此之前，绝大多数孩子在家中都享受"私人全服务"。若想要孩子更快地适应集体生活，他的自理能力、与人相处的能力、交往能力等就显得非常重要了。

宝贝，你要开始过集体生活了哦！

——告诉孩子什么是集体生活

还没有上幼儿园的孩子，对于集体生活是没有概念的，孩子会幻想在幼儿园能玩什么、吃什么，能和那么多小朋友一起做游戏，但是他却不可能会想到他应该怎样与那些小朋友和平共处。

很多孩子在家中都"一枝独秀"，即便有幸有兄弟姐妹的陪伴，但他也基本上很少，甚至完全没有和这么多孩子同时相处的经历。忽然一大群孩子凑在一起，做什么事情都基本要同步，一起吃饭、一起玩耍、一起上厕所、一起洗手、一起喝水、一起睡觉……在最开始的时候他可能会感到新奇，但随后就会因为各种原因而产生各种问题。

比如，用"武力"解决问题。

一个小男孩刚入园没几天，就和同班另一个孩子发生了冲突，小男孩把对方的脸抓出了两道血印子，被抓的孩子哭了，可抓人的孩子也觉得自己非常委屈，老师看着被抓伤的孩子也很心疼。

后来，抓人的孩子被妈妈领了回去，并隔了很多天才再去幼儿园，妈妈认为他还不能适应和小伙伴们一起生活。

　　一个小女孩回家告诉妈妈，有小朋友总是推她。原来，在幼儿园做很多事都要排队，小女孩跑得快，每次都站第一个，但其他小朋友也想站第一个，有的孩子没抢到的时候就使劲推她。小女孩有时候会告诉老师，有时候被推开了也就算了，但她心里会觉得很委屈。

又比如，因为恐惧不敢表达。

　　一位妈妈苦恼地说："我女儿在家从来不尿裤子也不尿床，可是自从去了幼儿园，三天两头尿裤子、尿床。我问她'老师不让去厕所吗'？她又说'不是'，她说'可以去厕所'。但是，她却说自己不敢说也不敢去，就使劲憋着，憋不住了就尿裤子、尿床了。这是集体生活啊，她自己不说，老师当然也不知道啊。真是愁人。"

还有，活在自己的"小世界"。

　　班里吃饭的时候，总有那么几个孩子吃得非常慢，其他孩子都开始看书、听老师讲故事了，他们还在慢悠悠地吃。等到睡午觉的时候，也会有几个孩子从来不睡，躺在那里去拨弄旁边的小朋友，或者大声叫嚷。做游戏的时候，有的孩子则会自作主张把所有自己喜欢的东西都揽在怀里，谁都不让碰，直到被老师发现。

......

这些都是刚入园的孩子遇到的很普遍的问题，不得不引起我们注意。其实，这些表现都是孩子不能很好适应集体生活的表现，属于正常情况。为了缓解这种状况，我们应该在孩子入园之前，先给孩子讲一讲什么是集体生活。

我们要告诉孩子：

你会和很多小朋友在一起，你们会一起吃饭、一起睡觉、一起玩耍，大家会在一起做很多事。

如果你需要上厕所或者有其他事情，就需要你自己主动跟老师说，你要能主动去表达。

和小朋友们在一起，你要学会礼貌，学会分享。

因为大家不管做什么事都在一起，所以一定会有先后，那就要懂得谦让，拿不到这个可以去拿另一个，如果是玩滑梯就要排队。

遇到事情要记得对老师说。

......

对于刚入园的孩子来说，这些内容都是有必要提醒他的，每天都要和他讲一讲关于幼儿园生活要注意的问题，让他明白集体生活与家庭生活的不同，让他有足够的心理准备。

我们给孩子讲述的时候要少讲大道理，多举例子，生活中的小例子最能吸引孩子的注意并让他产生共鸣。我们要注意，举例子的时候不要太严肃，更不要恐吓或者直接告知孩子"你一定要怎样""你不怎样的话就……"等。这类话会让孩子对上幼儿园产生畏惧与逆反心理，反而不利于孩子积极入园。

我们应该有好习惯

——去幼儿园之前开始养成习惯

孩子应该养成好习惯，这是很多妈妈的共识，但是什么时候开始养成呢？很明显，当孩子入园之后再去被动地养成适应集体的好习惯就会有些手忙脚乱。正确的做法是：当孩子可以自己做一些事情的时候，能够听得懂指令要求的时候，我们就要开始对孩子进行好习惯的培养了。我们要争取在孩子上幼儿园之前就开始让孩子熟悉某些事情的操作过程，或者规范他的言行。好习惯对于孩子日后的幼儿园集体生活会非常有帮助，且能让他更快地适应这种集体生活。

定好了要在 3 月入园，妈妈从 1 月便开始给孩子调整作息时间，保证他能做到早睡早起。虽然在一开始，已经习惯了晚上玩到累才睡的孩子并不那么配合，到了时间也不愿意睡觉，但妈妈一直坚持，过了 20：15，就开始给孩子洗漱，并将家中的气氛调节成安静状态，然后让孩子躺在床上，要么给他讲故事，要么和他小声地说一会儿话，保证孩子能在9点之前进入梦乡。而到了早上快7点的时候，妈妈就又会尝试叫醒孩子，让他能在7点左右的时候完全清醒过来，并能穿好衣服开始洗漱。

经过两个月的"练习"，孩子逐渐习惯了到点睡觉，也习惯了在固定的时间睁开眼睛。妈妈觉得很欣慰。

这就是一个提前养成习惯的好榜样，妈妈越早开始实施，孩子就越容易适应，越不会心生抗拒。有的妈妈总觉得不用着急，认为去了幼儿园自然就能养成好习惯了，但事实并非如此。孩子原本就会因为分离焦虑而闹情绪，此时再加上要培养好习惯，他会觉得更加不适应，也更加不愿意顺从妈妈的要求。

那么去幼儿园之前，孩子应该要养成哪些好习惯呢？

调整作息

前面这位妈妈所做的就是在帮助孩子调整作息。在入园前，很多孩子的作息都非常没有规律，想睡就睡，想吃就吃，想玩就玩。有的孩子中午不睡下午睡，有的孩子到晚上十一二点了还很精神，但早上就一觉睡到将近中午。这样的作息是显然不能适应幼儿园生活的，因此我们要提早帮助孩子调整过来。

计算一下时间，幼儿园要求几点到、路上需要花费多长时间、孩子起床需要多长时间，然后将孩子起床的时间固定下来。因为3岁左右孩子的睡眠时间应该不少于10个小时，所以从起床时间往前推10个小时就是孩子应该上床睡觉的时间。

孩子吃饭、玩耍的时间也应该尽量有规律。我们最好事先了解幼儿园的具体就餐时间和玩耍时间，在家自行调整，保证孩子在去幼儿园之后，不会在吃、喝、睡觉这类问题上感到不适应。

学会自理

这里的自理包括很多内容：吃饭、穿衣、上厕所、洗手、喝水、拿玩具、收玩具、有事向老师报告，等等。具体的操作我们在下一节会详细说明。

言行规范

孩子去了幼儿园，就不能像在家一样那么随意了，应好好听老师讲话，和小朋友和睦相处，自己的事情尽量自己做，遇到事情要学会沟通而不是发泄情绪，不能动手打人，等等。这些都是需要我们提前教给孩子的。

不要觉得这些规矩等孩子到了幼儿园会有老师帮着改正，比如有的妈妈可能会告诉老师"我家孩子很任性"，这样的表达其实是很不负责任的。我们不能要求老师和同学们去包容孩子的任性。而且，带着这种心理入学的孩子，一定会在与人交往中碰壁。虽然受挫的过程也是孩子成长的过程，但是我们还是希望孩子在入园前多做些准备，以便孩子尽快适应集体生活，更快乐地成长。

所以，我们要在孩子懂事之后就对他的言行进行规范，让他知道自己有礼貌的行为会获得别人的接纳和称赞，让他知道哪些行为是对的，哪些是不被允许的，等等。我们的"准备工作"越充足，孩子就会越顺利地融入集体。

你知道去幼儿园要怎么做吗？

——让孩子了解自己能做的事

众所周知，幼儿园生活很锻炼孩子的自理能力，它给孩子提供了很多自己动手做事的机会。然而，这并不意味我们要将一个什么都不会做的孩子"丢"给幼儿园，让他在幼儿园从零接受教育。恰恰相反，孩子应该在上幼儿园之前，就要了解自己到底需要做哪些事情，同时也要能动手去做，虽然不要求孩子能做得如成年人一般熟练自如，但是至少他要有这样的意识。

在幼儿园开学前两个月，主班老师就给孩子妈妈打来电话，和妈妈沟通孩子入园前需要做的准备事项。老师提醒妈妈，孩子需要练习自己穿衣服、穿鞋，自己吃饭、喝水，自己上厕所，如果遇到事情还要能主动向老师报告，并调整好作息。

收到老师的提醒后，妈妈就开始在家加强对孩子的锻炼，经过两个月的训练，孩子已经可以自己穿衣、吃饭，遇到事情也会找妈妈商量，好像一下子长大了很多。妈妈和孩子都很期待未来他在幼儿园的生活。

很多幼儿园在孩子入园之前，就会对家长有类似的提醒。老师会告诉我们，孩子即将融入一个集体，而老师不可能顾及每个孩子，而且 3 岁左右的孩子的确已经能开始自己做事了，这时候的自理能力的培养是非常有必要的。

所以，我们要提前有意识地引导孩子"自己的事情自己做"。

穿脱衣服

不管是进门之后脱掉外套、鞋子，还是午睡前后的脱穿衣服，又或者是上厕所前后的脱穿衣裤，这都是孩子需要练习并掌握的动作技能。而这也就对我们提出了一个小要求，那就是让上幼儿园的孩子尽量穿那些方便穿脱的衣服，上衣的扣子不要太多，裤子要尽量是松紧带的，为初入园的孩子尽量选择一脚蹬或者只有一个按扣的鞋子，等孩子长大一些再开始练习系鞋带。

妈妈接孩子离园，老师叫住了妈妈，提醒她："今天孩子上厕所着急了，尿湿了裤子，我们给她换上了干净的。不过，请您明天给孩子换一种裤子，不要给她穿背带裤，她自己可能没法那么快地将裤子解下来，穿的时候也有些费劲。"

妈妈听了觉得很有道理，以前在家都是她帮孩子穿脱，也就没多注意，但孩子在幼儿园需要自己做事，如果一着急脱不下裤子也来不及找老师，尿裤子就成为一种必然。想到这，妈妈连忙答应老师，以后给孩子换上好穿脱的衣服来幼儿园。

这位妈妈的经历也提醒我们，训练孩子穿脱衣服，应该从简单方便的入手，不要只顾着款式好看，却忽略了衣服穿脱的方便，否则，将给孩子带来很多困扰。

自己吃喝

吃饭、喝水，这也是需要孩子自己做的事情，老师不可能一个个孩子挨着喂，孩子必须学会自己用勺子、拿杯子。那么从开始训练起，我们就应该先培养自己的耐心，因为孩子不会那么快就掌握好手部平衡，不管吃饭还是喝水，他可能都会弄得很糟。尤其是训练初期，我们应该管住自己的手和嘴，多鼓励少训斥，千万不要一着急就责备他"怎么这么笨"，要多给孩子信心，相信他一定可以做好，他自然也就能更快掌握这些基本生活技能了。

主动上厕所

按常理来讲，3岁左右的孩子，白天已经可以很好地控制大小便了。但是，也有很多孩子在玩得很开心的时候就会忘记上厕所，直到憋得实在忍不了了再去，这很有可能导致还没脱下裤子就尿了；还有一些孩子对新环境心生畏惧，不敢开口告诉老师自己需要上厕所，那么他也一样会憋到尿裤子。

所以对"主动上厕所"的培养，我们应该从两方面入手：一方面，让孩子养成感到便意就去厕所的好习惯，不管是在玩什么好玩的玩具、做什么好玩的游戏，都应该先把大小便问题解决了才能回来继续玩；另一方面，告诉孩子上厕所的行为是合理的，不要觉得自己要去厕所的行为会招致老师的批评，让他敢于对老师开口报告自己的真实状况。

而对于不小心尿了裤子或者尿了床的孩子，我们也没必要多加指责，只要提醒他记得下次自己主动表达或自己主动如厕就好了。我们越是平静地看待这件事，孩子也就越能平静地度过这一段时期，不会因为屡次控制不住自己而感到害怕。

不乱扔东西

孩子在家玩耍的时候会有乱扔东西的表现，很多妈妈可能一边管教一边还要帮着收拾，孩子很少自己主动收拾。养成物归原处的好习惯，对于孩子来说很重要。我们要从引导孩子不乱扔东西开始，培养他拿东西轻拿轻放，以及物归原处的好习惯。

进入幼儿园后，还会有更多需要孩子自己动手的事情，我们也要配合幼儿园的安排，及时培养孩子良好的自理能力。

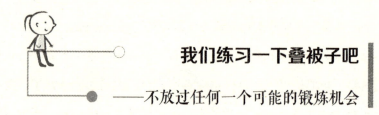

我们练习一下叠被子吧

——不放过任何一个可能的锻炼机会

任何一项能力的养成都需要时间来进行大量的练习和锻炼。同理，孩子要养成一个好习惯，也要经过时间的历练。所以，我们要抓住每一个可以锻炼孩子的机会，让孩子好好学习各种生活技能。

每天早上，虽然时间很宝贵，但妈妈还是尽量让孩子自己穿衣服，妈妈会站在一旁，鼓励孩子动作迅速地将衣服套好。尽管妈妈有时候也会着急，但妈妈会克制住自己想要伸手帮忙的冲动，让孩子自己扣扣子，自己找准袖子或裤腿。每次看到孩子自己穿完衣服，妈妈都会给他一个拥抱。

有时候出门在外，孩子需要脱外套、穿外套或者上厕所的时候要脱穿裤子，妈妈也鼓励他自己完成，并不断夸奖他做得越来越好了。

于是，孩子很快就有了"自己的衣服要自己穿脱"的意识，并且穿脱动作也越来越熟练。在幼儿园里，他也逐渐不需要老师帮助，每次都能自己穿脱衣服，有时做完了自己的事情，他还会主动去帮助其他小朋友。

其实，3 岁左右的孩子能做的事情非常多，他的生活中也应该有非常多的锻炼机会，只不过总是被我们错过或者忽略。就拿事例中这位妈妈的经历来说，每天早起，很多妈妈可能并不愿意让孩子自己动手，因为时间的确太宝贵，每天叫孩子起床就耽误了太多时间，若是再在穿衣服这件事情上"耽误时间"，就可能导致孩子上幼儿园迟到，甚至我们自己的事情也被耽误。

但是，如果我们想要让孩子得到锻炼，就要不断有意识地给他创造一些机会。比如，我们可以让孩子早起 5 分钟，然后给他自己锻炼的时间；上厕所，也可以用"看我们谁先上完厕所"的小游戏，来激发他自己主动做事的兴趣；叠被子，我们叠自己的，鼓励他叠他自己的，忍受他对完美的追求，耐心对待他慢吞吞的动作；等等。总之，锻炼的机会都是我们自己创造的，只要我们用心，孩子就能在各种情况下得到锻炼。

另外，有时候孩子在幼儿园也会学到很多很好的规矩或习惯，我们也要在家为他创造练习的机会。

老师提醒孩子们，鞋子要摆正、衣服要挂好、书包要放好。有一天回到家，妈妈就发现儿子自己蹲在门口把散乱的鞋子一双一双都摆好，还提醒妈妈要把他的小外套挂在挂钩上，并且要自己把书包摆在合适的位置。

妈妈全都点头同意了，任由孩子自己去动手，并且感谢他为家庭整洁所做的小贡献。得到了鼓励的孩子，从那之后每天回家都会主动摆鞋子、挂衣服、放书包，在小细节上已经完全不需要妈妈操心了。

孩子在幼儿园养成的好习惯回到家也要保持，有些妈妈在这一方面可能会有些懈怠，认为在幼儿园里学了就够了，回家就算了。然而，孩子养成好习惯应该有一个连续性的培养过程。如果孩子把从幼儿园学到的好的规矩带回了家，即使我们在家庭中还没有养成这样的好习惯，我们也不要轻易否定孩子，而是要虚心地向孩子学习，改正我们不正确的做事方式，给孩子做一个好榜样。

只有全家都遵守正确的规矩原则，孩子的好习惯才会慢慢养成。如果家长说一套，做一套，那么孩子是不会信服的。就像有的孩子这样"吐槽"妈妈："你还让我物归原处，你自己的东西都随处乱扔。"如果我们想要孩子养成各种好习惯，就不要给他"吐槽"我们的机会。只有我们做好了，才能当好孩子学习的榜样。

妈妈相信你一定可以做到！

——妈妈要给孩子有力的支撑

现在，我们来看几个问题：当你看到孩子在和一堆衣服"斗争"而迟迟没有结果，或者看到他费劲地穿鞋子却一直左右不分，你有什么感受？你对他还有信心吗？你是否越来越烦躁？你会不会一把抓过衣服给他套上，甚至在很长一段时间内都不再给他机会让他尝试自己去做事。

有一位妈妈这样说：

> 每次看我女儿自己拿碗吃饭，我就着急。我告诉她怎样使用勺子，可她的手没一会儿就拿不准了。拿勺子的姿势都不对，她怎么能把饭吃到嘴里去？碗里的饭，被她拨得到处都是，菜、饭粒掉得满桌子、满身都是。要是喝粥、喝汤，那更了不得了，她能把粥喝到脸上、身上，汤更是得洒半碗。我是真不相信她自己能吃完、吃饱。我告诉她怎么做，她真的学得会吗？幼儿园老师

要是看到她这样子，不得气死啊？

这位妈妈表现出来的，就是她对孩子没有信心。她不相信孩子可以通过练习能熟练掌握吃饭这项技能。其实，这位妈妈所说的孩子的表现，在这个年龄段是再正常不过了。3岁左右孩子的手、脑、眼依然在发育中，他的手还没法非常精准地把控勺子这样的小工具。如果他能拿起来使用，并将饭准确送进嘴里，这就已经很值得肯定了。

在这个过程中，我们给孩子的信心很重要。我们一定要相信孩子是能够自己做到的，你对他的信任就像是一种推动力。如果你觉得他能做好，那么你眼中的孩子便是在不断地努力的，你就看得到他的进步；与之相反，如果从一开始你就一直持一种怀疑的态度，总是觉得"哎呀，他怎么又做错了，怎么又没有按照我说的去做"，那就意味着你一直看到的是他的问题、错误，那么他即便自己完成了，你也会觉得心累到了极点，会不自觉地心生"再也不让他自己做了"的想法。

同样的，不仅要给孩子信心，我们自己也要对自己的教育有信心。积极培养孩子的自理能力和其他的好习惯，这个教育思路是对的，完全没有问题。回想我们自己，也是从小到大逐步具备各种能力的，孩子和我们一样，需要的只是时间和父母的耐心而已。我们不要因为一时受挫就怀疑孩子的能力，怀疑自己的养育方式，这是完全没有必要的。

很多妈妈总是有这样的感觉，孩子上了幼儿园，一切才能步入正轨：有老师在幼儿园帮着带孩子，自己立刻觉得安心多了，也省心多了。其实这从侧面也反映出一个问题，那就是我们其实对自己的教育并没有太大的信心，或者说会觉得自己的教育不够到位，希望由老师来帮忙。

在对孩子能力培养这方面，家庭教育占据了很重的分量，所以我们要相信孩子在自己的引导和教育下是可以养成好习惯的。只有"家校联合"，才能让孩子更快、更好地成长。如果我们对自己的教育不自信，只想依靠老师，那么孩子的教育就会缺失最重要的一部分。

孩子能力的培养，不但需要实际的训练，而且需要来自家人的认可与鼓励。他此时最需要的是自信心。在妈妈信任的目光下，孩子可以更加大胆地放开自己的手脚，去发展自己的能力。在孩子发展了能力后，妈妈对孩子的肯定又会激励他更进一步，这是一个良性循环。

试想，如果连最爱他的家人都不相信他，都很少给他一句鼓励的话语、一道赞赏的目光，那么可想而知这个孩子会多么害怕。在这样的家庭氛围下，他会畏惧尝试一些新的挑战，他会封闭自己的成长，因为他知道，不做事就不会出错，他不敢面对家人怀疑和斥责的目光。

所以说，作为父母，我们不要吝惜自己对孩子的关怀与鼓励，也不要舍不得让他做事。我们要给孩子一个安全的港湾，让他可以放开手脚去发展自己的能力，放开手脚去做事，并相信他可以做好。这是来自家人的一份信任，也是我们给孩子最好的礼物。

周末也要坚持好习惯哦！

——自理能力的养成不分时间与场合

　　当孩子开始上幼儿园后，很多家庭会出现一种怪现象，那就是孩子上了五天幼儿园，基本养成了好习惯，但是在家过了周末再回到幼儿园时，一切又回到了原点。这就是典型的"5+2现象"。造成这个现象的主要原因就是我们懈怠了。

　　一位妈妈就讲了：

　　　　孩子上了五天幼儿园了，我看他也挺辛苦，于是周五晚上就没管他，结果他很晚了才睡觉，周六早上也起得特别晚。周末两天，他想怎么玩就怎么玩，吃饭也不太规律，周日晚上他因为白天玩得太兴奋，一直不肯睡觉。到了周一，早上他怎么都不愿意起床，也不肯去幼儿园。真是发愁啊！好说歹说终于把他送去了，结果还迟到了。总感觉不能让孩子过周末啊，这一回家就散漫得不得了。

在这个故事中，这位妈妈得出的结论是不能让孩子过周末。其实，这个结论有些不公平，因为对于这么小的孩子来说，他的表现完全与父母对他的要求有关。如果我们如前面的 5 天那样，让孩子早睡早起、按时吃饭睡觉玩耍，他的表现其实也不会那么差的。

很多妈妈总有这样一种错误的想法，那就是孩子上了 5 天幼儿园，好不容易放假了，就让他休息一下、放纵一下吧。不要忘了，孩子的习惯养成是需要连续进行才有效的，一旦放松，他就会变回"原形"了。

所以，下面这位妈妈的做法是值得肯定的：

周五下午从幼儿园回到家，妈妈告诉孩子，未来两天是周末，可以不用去幼儿园。孩子很开心。但妈妈却又提醒他，该做的事情可一样都不能少。于是，孩子在周末也如之前一样准点睡觉、按时起床，玩耍、吃饭、睡觉的时间与之前没有大变化。而很多需要孩子自己做的事情（如穿衣、吃饭、收拾玩具等），孩子也在妈妈的督促和鼓励下完成得非常好。周一早晨，孩子精神饱满地起床，虽然因为在家待了两天而变得不太情愿去幼儿园，但在妈妈的鼓励与安慰下，孩子还是背起了小书包，向幼儿园的方向进发。

对孩子各方面能力的培养，尤其是自理能力的培养，是不分时间与场合的，不管是不是工作日，不管孩子是不是在幼儿园，我们都应该有这样的意识，那就是不要让孩子因为放假就懈怠下来，要坚持着让他养成好习惯。

除了周末，如果遇到比较长的假期，我们也要格外注意，不要让孩子完全"大撒把"，在幼儿园已经养成的良好作息习惯不能丢，平日的时间安排也要尽量遵守幼儿园的时间，要让孩子的习惯能够一直保持下去。

这其实也是对我们自己的一种约束，有时候我们自己的生活过得比较散漫，一到周末就放纵起来。但是，我们作为成年人是有自我约束能力的，而刚上幼儿园的孩子还远没有这样的自我约束能力，所以我们也要给孩子做个好榜样。其实，约束自己的同时，也是在培养孩子的好习惯。

第四章

妈妈，小朋友都不跟我玩儿！

——培养孩子的人际交往技能

　　幼儿园是让孩子可以尽情玩耍的地方，因为孩子在那里可以结交到更多的朋友。然而，总有些孩子因为人际交往能力差而难以和其他小朋友和谐相处。所以，我们要将人际交往技能教给孩子，让他能更顺利地融入幼儿园的集体生活。

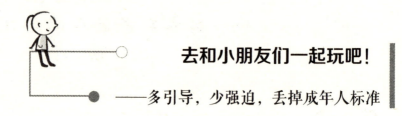

去和小朋友们一起玩吧！

——多引导，少强迫，丢掉成年人标准

提到交往，我们与孩子的想法存在着根本上的不同。

我们作为成年人，对交往会看得更深一些，比如要交往的那个人是谁，个性是怎样的，有什么样的品行，喜欢什么、讨厌什么，在人们口中的风评如何，等等。而对待孩子之间的交往，我们也会不自觉地去替孩子审视对方，会更加看重对方是不是一个"好"孩子，是不是特别淘气任性，会不会经常霸道欺负人，能不能和自己的孩子和睦相处，以及他们玩的东西是什么，是不是对我们的孩子有意义，等等。我们会不自觉地挑剔着孩子的交往对象，甚至连对方长得好不好看也被我们看在眼里。

然而，孩子对交往的理解，却简单得只需要一句话就够了，那就是"能不能玩在一起"，只要可以玩在一起，彼此就是朋友，他才不去管那个小朋友是不是够"厉害"，是不是够优秀。就算这个小朋友在外人看起来和其他孩子有多少不同，只要是彼此能好好玩耍，那么他们就认定对方是自己的朋友。

正是这种根本看法上的差异，使很多妈妈不能正常看待孩子们之间的交往，当我们觉得不合适的时候，就会毫不犹豫地直接干涉孩子。

妈妈带着女儿出门，遇到一群孩子在广场边的小树丛玩。女儿很好奇，也凑过去看，原来几个小男孩在玩泥巴。有一个小男孩看见旁边多了一个小女孩，便招呼道："你想一起玩吗？"女儿点点头，随即也加入了进去，还高兴地笑出了声音。

妈妈刚好接了个电话，等到收起手机，就看见女儿一只手已经沾上泥巴了，她上前拽起女儿说："哎呀，怎么玩这个，走了，我们还有事呢！"

女儿很不高兴，不情愿地被妈妈拽着手擦手，并说："妈妈，我和朋友一起玩呢。"

妈妈却说："都是小男孩，你跟他们做什么朋友啊？小女孩要跟小女孩做朋友。再说了，他们玩的那是什么？泥巴！泥巴能玩吗？多脏啊！赶紧走！"

女儿噘着嘴，回头看了好几眼，才被妈妈硬拽走了。

其实，不过就是孩子们凑在一起玩了一个有趣的游戏，孩子们充满好奇，也渴望从中感受到乐趣，却被妈妈无情地打断了。经过妈妈这样一说，女孩的内心就会出现一些波动，她可能会认为"男孩和女孩是不能一起玩的"，并真的认为"玩泥巴的都不是好孩子"，但这显然有失偏颇，如果她最终形成了这样的偏见，可能对她未来的人际交往也会带来影响。

但说到底，孩子们并没有那么多复杂的想法。他们喜欢凑在一起玩，喜欢与人交流，喜欢一起探索共同感兴趣的东西，那我们就应该放手让他们去玩。只要不涉及安全和原则问题，我们应该尽量减少干涉。

所谓的成年人标准在孩子这里是不适用的，我们不要把成年人之间那种复杂的交往模式套用在孩子身上。孩子之间的交往就是单纯的、快乐的，也正因为如此，童年的友谊才显得更加珍贵，是值得被呵护的。

那么，我们应该怎样去正确引导孩子交朋友呢？

首先，不要限定孩子必须和谁玩、不能和谁玩。孩子需要和不同的人相互接触，这会增加他的交往经验，这对于他的成长也是有好处的。

其次，引导孩子产生更多的兴趣，也就是让孩子能玩得起来，让他不管遇到怎样的游戏场景，都能好奇地加入，或者都能和别的孩子聊到一块儿去，这样孩子才会更容易交到志同道合的朋友。

最后，不要干涉孩子交友的过程，孩子和朋友之间可能今天关系闹僵了，但明天就和好了，所以无须对孩子说太多大道理，交朋友是一个需要他自己体会、感受的过程。当他和小朋友之间遇到问题时，鼓励他自己去解决问题，我们不要插手，适当引导就好，这样才能让他逐渐具备交际能力。

走呀，我们出去找朋友啦！

——为孩子构建交友的环境

　　曾经有人感慨，现在的孩子住在高高的"鸽子笼"一样的大楼里，家里有各种玩具和动画片，也有一群人围着照顾，很多孩子很少出门接触大自然，与周围的孩子也接触得少，甚至做了好久的上下楼邻居，却都不知道对方的家庭有一个孩子。

　　的确，现在很多孩子"窝"在家里的时间要远超过在外活动的时间，他的活动范围只有几十平方米，玩具、书籍，以及电脑、手机等各种电子设备成了他接触得最多的"朋友"。这样的生活环境使得很多孩子更习惯自己一个人玩，他不知道应该怎样与别的孩子相处，也不知道怎样和对方玩到一起。

　　突然去了幼儿园，孩子就会产生一种恐慌，他想回到原来自己一个人的环境，但是幼儿园的集体生活却没法满足他，他很难适应幼儿园的集体生活，更不愿意与别的小朋友在一起玩，如果家长没有及时引导，孩子就会越来越排斥去上幼儿园。

解决的方法就是：扩大孩子的活动范围，延长孩子的友谊时间。

扩大孩子的活动范围

我们一定要带孩子走出家门，家里的东西再多，也不如让孩子走进大自然得到的体验多。因为家里的东西都是固定的，即便摆放位置变化了，但东西还是那些东西；可是大自然就不一样了，你永远不知道出门左转的那片小草地中会开出什么颜色的花来，你也不会知道在那棵小树旁边，是不是会有小朋友在观察小蜗牛，你也不能确定孩子出门之后会有怎样的"奇遇"，或者说会有怎样"快乐的相遇"，这些都是未知的，对孩子来说也是充满吸引力的。

而且，孩子天生是喜欢亲近大自然的，我们也应该为他创造这样的机会。在天气允许的情况下，我们应尽量多带孩子到户外，多带他去有其他孩子在的地方，给他创造更多的与其他小朋友接触的机会。

延长孩子的友谊时间

孩子们凑在一起，如果玩得来，他们就会在这段时间里逐渐建立起友谊。任何一段友谊的建立都是需要时间的，而我们就要给他这个时间。
一位妈妈是这样做的：

从幼儿园出来之后，孩子总会和幼儿园里刚认识的小伙伴们玩一会儿，妈妈每天都会提前告诉孩子，"玩半个小时，妈妈说走的时候，我们就一起回家"，孩子点头同意。所以每天只要天气好，他都可以和三个好朋友在一块儿跑一跑、跳一跳，一起唱唱歌，一起玩幼儿园的小游戏。尽管只有半个小时，但孩子们玩得都很开心，每天都要相约"明天再玩"。

这其实就是一种对孩子交友的支持，除了在幼儿园玩耍，每天还会有这样一个固定的玩耍时间段，日复一日，时间久了，孩子们之间的友谊就会越来越牢固。关键是，这位妈妈很有智慧，她并不是无限制地延长时间，也不是说走就走，给孩子"突然袭击"。她选择提前和孩子约定好，让孩子有一个可自由活动的时间范围。这样做，既不会让他因为没时间玩而扫兴，也能让他学会遵守约定，准点回家。

孩子与朋友之间的交往是需要场地与时间来辅助的，当他有了这样的场所，又有了一定的时间，他就能与朋友有充分的接触。有了这些环境的支撑，还愁孩子交不到好朋友吗？

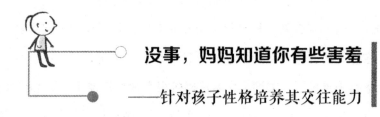

没事，妈妈知道你有些害羞

——针对孩子性格培养其交往能力

一般来说，性格外向的孩子更容易与人结交，而性格内向的孩子则相反，他可能会因为害羞、惧怕而不愿意和外人有更多的接触，只有待在家人身边他才会放松下来。

这也就意味着，对待不同性格的孩子，我们应该采取不同的教育引导方式，来培养他具备更适合自己的交往技能。

外向的孩子在很多情况下会表现得非常主动。他可以清楚地表达自我的情感，能够和他人主动建立联系，在活动中也比较容易作为主导者去带动大家的情绪。可以说，外向的孩子会更容易体验到交朋友的快乐。

所以，对待外向的孩子，我们只要给他提供足够的与其他孩子接触的机会，他就可以很快交到好朋友。但同时，也正因为这种开朗和主动的个性，外向的孩子可能并不能很敏锐地关注到其他人的感受，很多时候他觉得很开心，而对方却可能感觉到了他的冒犯。

一位妈妈就讲了这样的一段经历：

某个开放日，我跟着女儿一起走进班级。课程中有一个亲子互动的活动，家长和孩子一起制作黏土冰箱贴。大家坐在一起，认真地做着手工。女儿旁边坐着一个小姑娘，那个小姑娘很开朗，我也知道这是一个很活泼的小姑娘。

看到我给女儿做了很逼真的小鹿，她就凑过来说："让我看看吧。"女儿很喜欢那只小鹿，摇了摇头。

那个小姑娘大声说："我们是好朋友呀，好朋友应该分享的。"

女儿回头看了看我，但很快扭头又摇了摇头。那个小姑娘就直接伸手了："就让我看看嘛，我也让你看我妈妈给我做的。你看，你看。"说着，小姑娘把自己面前一堆黏土小玩意儿都推了过来。但有些内向的女儿并不情愿，她摇头，然后小声说："我不看。"

小姑娘依旧很"热情"地把自己的作品推过来，女儿不太高兴了，她扭过头，没再把头扭回去。我和小姑娘的妈妈彼此对视，都无奈地一笑，然后我拍拍女儿的小手，示意她把小鹿展示一下就好，而小姑娘的妈妈则拍了拍小姑娘的肩膀，说："看过小鹿了哦，快把你手里的花做完，我们继续做别的。"小姑娘很快就投入了新作品的制作中。

回家的路上，女儿问我："妈妈，我不想让她看，她怎么还追着我（要看）呢？"我告诉她，小朋友是因为喜欢她的小鹿，所以希望能欣赏一下。女儿懵懵懂懂的，还是不太明白为什么那个小朋友被拒绝之后还是那么执着，最后说："反正我给她看了一眼，就好了。"

看来，外向的孩子和内向的孩子凑在一起，想相互理解还真是不容易啊！

其实，孩子并没有恶意，但是相互性格不同却可能让彼此的心意没法互通。尤其是外向的孩子在很直率地表达自己的愿望时，往往考虑不到对方当时的感受。所以，我们在培养外向型孩子的社交能力时，要记得提醒孩子：热情没有错，但是也要学会换位思考，这样才不会伤害到对方，才能交到更多好朋友。

虽然外向的孩子有时候会因过于热情而让人头疼，但内向的孩子可能会更让人觉得不好办。

曾经有研究表明，4～7岁的孩子认为友谊最重要的特征有：一起做事情，相互分享，喜欢、照顾和帮助对方。学龄前的孩子们更喜欢"亲社会"型的玩伴（即愿意分享、懂得合作的玩伴），对于破坏性的、要求苛刻的、干扰的或者攻击性强的孩子，他们会表现出拒绝，同时也会忽视那些孤僻的、犹豫不决的孩子。

从这样的一个现象来看，孩子显然更喜欢能够彼此互动，且互相关心的友谊。这种友谊的建立，对于一个外向的孩子来说是容易的，但对于一个内向的孩子来说，就不那么容易了。因为内向的孩子可能会因为"孤僻、犹豫不决"而被众人忽略。

所以，如果家有内向的孩子，我们就不能按照培养外向孩子那样直接把他推到别的孩子面前。内向的孩子会更敏感、细腻一些，需要父母更多的关心和鼓励。他对环境既敏感又挑剔。一般来说，他进入一个新环境之后，会先判断这个环境对他来说是不是安全的，这里的人是不是可信且友善的。在得到肯定的答案之后，他才会放下心来，慢慢尝试进入这个集体。

相对于外向型孩子来说，内向型孩子可以说是慢热型，他们表面谨慎小心，其实内心充满了热情，非常渴望与人交往并建立友谊。但是面对新环境，他可能有一些忧虑和恐惧，这时候，父母不要着急催促他交朋友，不妨陪着他先去适应新环境，多给他一些时间，让他慢慢认识周围的人。

这个过程不会太迅速，所以我们要有足够的耐心。这时他需要我们的鼓励、肯定与等待，所以我们要站在他身后，给他依靠，允许他害羞，不要觉得他不勇敢。等他慢慢和更多的孩子熟悉之后，他们的友谊自然也会建立起来。

你想要和朋友们一起分享吗？

——教孩子学会正确分享

　　小孩子之间建立友谊有一个非常简单且直接的方法，那就是彼此分享。他们借助分享来与朋友构建关系，一起吃好吃的，一起玩玩具，一起看好看的书，一起想象某个好玩的场景，然后一起没来由地大笑……通过分享，孩子们会感觉互相享受到了一样的快乐。这种"我们是一样的"的感觉，让孩子们感受到一种平等，觉得能一起笑的就是朋友了。

　　不仅如此，孩子们之间的分享只取决于孩子自己的意愿，也就是"我愿意分享给你，不管那个东西是什么"。所以，我们经常会看到孩子拿着很贵重的东西去和朋友分享，或者他拿着自以为很好玩的东西但其实就是几个碎纸片去和朋友分享，而接受这种分享的其他孩子也同样并不会在意那个东西的价值是否昂贵，孩子们只在乎分享的过程。

　　很多时候，孩子的分享也是一种强制性的，哪怕对方不接受，他也坚持要放到对方手里。否则，他就会认为"他不喜欢我，我很伤心"。但有的时候，孩子的分享又很"小气"，而且他并不觉得自己这样做有什么错。

奇奇从幼儿园回到家，带回来老师给的一个小面包，他举着小面包对妈妈说："妈妈，我会给你分享一块，再给姥姥分享一块，我们一起吃。"

妈妈说："谢谢，但我不想吃。"奇奇皱了一下眉头："可是我想给你分享啊。"说着，他的手已经开始行动了。

妈妈只能表现得很开心，等着儿子的分享。就见他从面包上撕下来小小的一条，捏在手指里，也就手指头肚那么小一块，递了过来。妈妈哭笑不得："就给我这么小块吗？"奇奇的眼神充满无辜："啊？你还要啊，那再给你一块好了。"于是他又撕了更小的一块递过来，然后心满意足地走了。

另一位妈妈也经历过类似情景：

出去遛弯的时候，我给孩子带了一小盒蓝莓，提醒他可以分给遇见的小朋友。结果他每看见一个小朋友，就掏出盒子递给人家。有的孩子会接过去，但有的孩子不想要，他就举着小盒子在后面追人家，把前面跑的小朋友都吓哭了。一个小朋友吃完一个还想要，可他又不愿意给了，回头跟我说："我都给他了，他怎么还要呢？"我真是不知道说什么好了。

孩子的分享就是这么让大人"看不懂"。

为了让他能更好地借助分享来结交朋友，我们可以这样引导：

第一，告诉孩子分享是自愿的，是否接受也是自愿的。

这其实对我们也是一个提醒，那就是不要强迫孩子去分享，孩子对自己的东西有处置权，我们不能总用"爱分享才是好孩子"来约束他。

同时，我们要告诉孩子，他有权分享，但别人也有权拒绝，如果对方不接受，就不要强迫别人接受。但也要及时安慰孩子，对方不接受并不一定是不喜欢他，可能只是不想要那个东西，所以不要把别人对物品的拒绝当成拒绝自己。

第二，提醒孩子分享要真诚，不能什么都不说就强塞。

有的孩子分享物品前不先说一声，把东西递过去就了事，对方却完全不知道他在做什么，这就会使双方很尴尬。

那就不妨教孩子一些分享用语，如"我有好吃的，分享给你""我有一个好玩的玩具，咱俩一起玩儿吧"等。借助语言，对方才能意识到孩子的分享是真诚的，这种分享才会有效果。

第三，提醒孩子，分享不是为了要对方的回报。

有的孩子会认为"我分享给你了，你就要与我分享"。这种想法有悖分享的本质，也不利于友谊的建立。这就需要我们提醒他，分享是一种源自自我的无私行为，而不以求回报为目的，他只要去享受分享的快乐就好，对方是否会回报，并不重要。

妈妈教你几个小技巧吧

——值得教给孩子的重要的交往技能

孩子在幼儿园里能不能过得快乐，与他和朋友之间相处得如何有很大的关系。如果能顺利地交到朋友，并和大家玩到一起，那么孩子就会觉得在幼儿园很开心；如果孩子总是没法与大家凑在一起，在别人看来他总是在捣乱，那么他就会被排斥，他自然也就过得不快乐了。

虽然这个道理非常简单，但要做到和朋友们好好相处，对于 3 岁左右的孩子来说并不是一件容易的事情。所以，趁着这个机会，我们倒不如把一些重要的交往技能教给孩子，让他能自如且快乐地与朋友们相处。

保持礼貌

即便是三四岁孩子们之间的交往，礼貌也是必需的，他们几乎都是本能地接近对他们友好且有礼貌的人。所以我们要培养孩子养成勤用礼貌用语的好习惯，将"你好""请""谢谢""对不起""不客气""没关系"等礼貌用语挂在嘴边。和小朋友一起玩的时候，孩子应该灵活使用这些礼貌用语，以礼貌的态度来对待所有的人，这样将会更有人缘。

接纳包容

小朋友们在一起玩耍，难免会意见不合，如果所有孩子都强硬地要求一切按照自己说的做，他们肯定玩不到一起。但如果孩子们能彼此接纳包容，好多游戏也就能继续下去了。

不过，和3岁左右的孩子谈论接纳、包容，他可能难以理解，我们可以换一种委婉的方式来向他传达这一理念，比如下面这位妈妈所做的：

几个小姑娘一起跑着玩，其中一个小姑娘说："我们玩上课的游戏吧。"其他小姑娘同意了，但有一个小姑娘不大乐意，她跑到妈妈这里说："妈妈，我不喜欢那个游戏，我想玩唱歌的游戏。"妈妈说："可以呀。不过你看大家都玩上课的游戏，是不是很好玩？你可以先和大家玩上课的游戏，然后你再提议玩唱歌的游戏，怎么样？"小姑娘觉得妈妈说的有道理，于是也加入到了上课游戏中。游戏结束后，她提议大家一起玩唱歌游戏，伙伴们同意了，她们在一起开心得唱起歌来。

我们不得不给这位妈妈点赞，她在教会了女儿接纳和包容别人的同时，也教给了女儿如何在团体中表达自己的诉求。这样，孩子既学会了尊重他人、融入集体，又学会了表达自我。这真的是一个很好的示范。

试想，如果小姑娘执意要先玩唱歌游戏，相信她们一定会不欢而散。其实，孩子都是可以具备接纳包容之心的，关键就看我们怎样引导。我们教他与人交往的方法，就是让他多从积极乐观的方面去考虑事情、多从对方的角度来考虑问题，这其实也是对孩子良好性格及团队精神的一种培养。

不总哭闹

不满意就哭、不高兴就哭、没人理就哭、失败也哭……很多孩子总是动不动就哭闹起来，期待用哭闹来换他人的谦让与配合。虽然3岁左右的孩子会哭闹是正常的，但如果总是用哭闹来表达情绪，或者用哭闹来"要挟"别人顺从他，相信他在幼儿园也很难交到好朋友，大家都会因为害怕而躲着他。

所以，我们要鼓励孩子学会正确地表达自我，学会主动描述自己的感受。我们要告诉他，哭闹并不能解决问题，如果你想要得到一样东西或者有想说的话，就直接说出来，这样的方式更容易被大家理解并接受，也会更快地解决你的问题，小朋友们也会更喜欢你。如果你总是哭闹，时间长了大家就都因为害怕而远离你了，你就算想要什么也不可能得到。

孩子都是极其聪明的，当他明白了哭闹并不能带给他更多好处时，他自然就会放弃哭闹。

在家庭里，爸爸妈妈也要注意，不要孩子一哭闹就满足他，不要让哭闹成为孩子获取"利益"的手段。当周围的人都不受他哭闹"控制"的时候，他自然就不再把哭闹当"武器"了，毕竟哭闹也是很耗费体力的。

你不是故意的，我原谅你了

——引导孩子正确应对冲突

　　冲突，是孩子在交往过程中难以避免的。意见不合、不喜欢某一事物、感觉自己受到了伤害……各种原因都有可能引发孩子之间的冲突。如果能理智处理，很多冲突就会自然化解。那么，如何引导孩子正确应对冲突呢？

　　有一位妈妈讲述了这样一段经历：

　　一天，我去参加儿子幼儿园的开放日。排队等待领取午饭的时候，两个孩子之间发生了小矛盾：一个小男孩太调皮，撞到了一个小女孩，小女孩很不高兴，但小男孩还是继续蹦，一抬手，打到了小女孩的脸，小女孩哭了起来，小男孩在一旁不知道怎么办，转头就想跑开。

　　老师这时走过来，先蹲下身安抚了小女孩，然后拉住了小男孩，提醒他，他的行为影响了他人，需要道歉。小男孩也知道自己做得不好，赶紧道歉，并在老师的指导下跑去拿来一张纸巾给小女孩擦眼泪。小女孩抽泣着，还是不肯原谅小男孩。

老师轻声安慰小女孩，告诉她，小男孩是有点调皮，但并不是故意打到她，而且老师已经批评他了，他保证以后会收敛自己，好好排队，不影响别人。小女孩抬起头看了看手足无措的小男孩，明白他不是故意的，对他说了一句"我原谅你了"，之后两人相视一笑，就继续排队去了。

老师很温柔地解决了这个小冲突。但我想到了自己，我记得当我面对我的孩子和别的孩子起冲突时，我总会有些愤怒：有时候会拉着孩子赶紧走，并告诉他"不和他们玩了"；有时候会教训孩子"他都打你了，你怎么还站在那儿"，觉得他太软弱；还有的时候我会说"他们不对，不是好孩子"。但我意识到，我这样做都只是在发泄我的情绪，在事情发生时我没有引导孩子好好处理问题，只是沉浸在自己的情绪里，这样是不负责任的。所以，他在遇到冲突时，更多的也是哭泣或者沮丧，并没有想办法主动解决问题。现在看来，我之前的做法是不对的，我需要好好向老师学习。

其实，不只是这一位妈妈，很多妈妈都不能正确引导孩子去面对冲突，有的妈妈甚至完全代替孩子去解决问题。可是，我们不能永远代替孩子去解决问题，孩子总要学会自己去面对问题，我们教给他正确的处理问题的方法，也是在培养他独立的能力。

那么，到底有哪些方法是可行的呢？

首先，提醒孩子，小朋友之间的很多行为都是无意的，不管是争抢、打闹，还是一些其他冲突，都并非恶意。如果和小朋友发生冲突，不要没完没了揪着不放，要学会理解和宽容对方。但是，同时也要提醒孩子，对于强硬的、霸道的孩子，躲开一点，让一让，不去和他们争抢，等待、避让也是可行的，这也是在保护自己。

其次，鼓励孩子自己解决问题。孩子们之间的问题，他们可以自己解决。一旦有成年人参与，就会有小朋友认为这是不公平的，这反而不利于矛盾的解决。

再次，培养孩子具备更多的兴趣。也就是让他即便玩不了这一个游戏，也能找到其他感兴趣的东西，让他的游戏时间永远都不单调，这样他也就不会总在一个问题上纠结。

最后，让孩子知道我们永远是他的坚实后盾。他的喜怒哀乐我们都能理解并接纳，当他遇到问题时，可以随时来向爸爸妈妈求助，爸爸妈妈永远会在第一时间给出建议，并相信他可以很好地解决问题。这样一来，他就会感觉很放心，可以安心地去和小朋友交往。

一般情况下，孩子们之间的矛盾不会持续很久，他们只是在那一瞬间感觉到不舒服，然后就会爆发矛盾，比如有的小女孩可能忽然就因为对方不和自己拉手就生气了，然后告诉对方"我不和你是朋友了"，但是一旦对方过来和她拉了手，她立刻就会说"现在我们又是好朋友了"。

孩子们之间的问题就是这样，来得快去得也快，因此我们要鼓励孩子勇敢面对，如果他感觉不开心就可以来告诉我们，如果不知道怎么做也可以来询问，但是真正解决问题还要靠他自己。

第五章

妈妈，您和老师说什么了？

——亲师配合让孩子爱上幼儿园

当孩子进入幼儿园后，他就要接受老师的教导，老师的悉心引导对孩子的成长至关重要。有时，妈妈的话会被他当作耳旁风，但老师的话他却铭记在心。因此，我们一定要和幼儿园的老师好好配合，保证双方教育的一致性，通过合力教育来让孩子爱上幼儿园。

老师您好，我是××的妈妈

——与老师建立良好的联系

　　孩子被送去幼儿园，虽然看似是由老师接手了，但我们却不能就此放松。幼儿园对于孩子来说是陌生的，而相对应的，孩子对于老师来说也是陌生的，如果我们和老师建立起良好的联系，就不仅有助于老师更快地了解孩子，我们也能更加快熟悉老师以及她的教育理念。这种相互了解能帮助孩子更快地适应幼儿园生活。

　　怎样才算是和老师建立良好的联系呢？来看下面两位妈妈的做法。

　　第一位妈妈：

　　为孩子选择了一所比较合适的幼儿园，妈妈和老师互相加了微信好友，除了老师偶尔通过微信通知妈妈一些事情，妈妈很少主动联系老师。老师建立了班级微信群，妈妈在群里从不发言，只是看看老师发的照片而已。以至于几个月下来，妈妈都不知道孩子班级的副班老师已经换过两位老师了。不仅如此，妈妈对主班老师也了解得不多，孩子有什么问题她都是凭着自己的感觉来处理，有时候和老师的解决方式大相径庭。老师说的话，回家妈妈要么不执行，要么就提出完全相反的意见，孩子都有点迷糊了，不知道到底该听谁的。

第二位妈妈：

　　在孩子入园之前，妈妈就和孩子的几位老师建立了联系，通过微信、电话的方式，妈妈向老师好好了解了开班之后幼儿园都会有哪些活动，入学前应该做些怎样的准备，等等。而在交流过程中，妈妈也向老师介绍了自己的孩子，提到了孩子的一些小问题，在入园之前，老师对这个孩子就已经有了基本的了解。

　　等到孩子入园之后，妈妈也加入了班级群，班级有什么问题，妈妈都很积极地去参与，并将自己孩子的问题在群里或者单独和老师进行沟通。因此，老师能时时注意到孩子的情况，妈妈也能通过老师了解到了孩子的动态，并学到了应该如何应对一些小问题。不管是妈妈还是老师，在意见达成一致之后，都以同样的态度来对待孩子，孩子很快就熟悉了幼儿园的生活。

您更赞成哪位妈妈的做法呢？

显然，第一位妈妈只是与老师建立了表面"联系"，就是能让老师联络到自己而已，基本上与老师没有任何形式的互动。相对于这样的妈妈来说，老师就只是一个"观望平台"，妈妈自主掌握要看什么、什么时候看，如果发现没问题也就算了。

可实际上，孩子每天在幼儿园都会有一些新的表现，如果我们自己不主动询问了解，老师不可能每天都把孩子的表现对每个家长分别汇报。很多时候我们要主动去了解孩子的情况。而我们如果不了解孩子在幼儿园经历了什么，也不知道老师近期的教学活动是怎么开展的，孩子的表现又如何，那么，我们就不知道应该如何配合老师去引导孩子。

第二位妈妈就是我们的榜样了，她所建立的"联系"是一种全方位的细致的联系，她不仅通过老师了解了孩子在幼儿园的情况，而且通过自己让老师了解了孩子在家的情况。这样一来她和老师都能全方面地了解孩子，当出现问题时，她和老师就都能知道应该怎样做才能更好地引导孩子。

第二位妈妈的孩子不管是在幼儿园还是在家里，都能获得原则上一致的教育，他就会觉得安全亲切。而且孩子自己也不用选择听谁的，因为老师和妈妈说的都是一样的，他只要认真遵从正确的教育就没问题了。如此一来，孩子学得轻松，家长和老师也教得轻松。

所以，当我们带着孩子去幼儿园时，和老师建立良好的联系很关键。与老师建立良好的联系不只是"老师，您好，我是××的妈妈"这么一句就结束了，这一句应该只是我们建立联系的开始，日后也要多与老师进行沟通，针对各种问题进行交流。当互动多了，我们和老师相互间的了解也会更多，在对待孩子方面也就更加能做到步调一致，这对于孩子的成长来说是大有益处的。

老师，请问孩子在幼儿园怎么样？

——和老师交流孩子家园中的表现

当孩子进入幼儿园之后，我们会担心孩子，甚至出现比孩子还要严重的"分离焦虑"。但是，很多妈妈只会担心孩子吃得好不好、玩得好不好、睡得好不好、和大家相处得怎么样，会把更多的关心都放在孩子表面的表现上，关注于孩子是否开心。可是，孩子进入幼儿园，并不只是单纯地换了一个吃饭睡觉玩耍的地方，幼儿园教育也是幼儿教育的一部分，我们需要对孩子有更深入的了解。

我们要实现这一点，就要通过和老师的交流来实现。借助这样的交流，才能让我们和老师都对孩子有全方位的了解，从而更好地开展教育。

但是，并不是所有妈妈都能正确看待与老师交流这件事。

家长群里讨论热烈，有的妈妈说"要和老师好好交流，才能了解孩子"，但也有的妈妈说"不知道和老师交流什么"。

这时，一位妈妈发言了，说道："我是职场妈妈，整天工作，我忙碌的时候，老师应该也在忙碌，我休息的时候却要开始照顾孩子、做家务了，老师也就休息了。平时也没什么时间和老师交流，老师难道不应该主动告诉我们孩子们在幼儿园里干什么了吗？"

　　另一位妈妈则说："我倒是每天都问老师孩子干什么了，可老师每天都发了照片，所以我感觉问多了也没什么可了解的。"

　　更有的妈妈说："老师们也都是年轻人，只要孩子不出问题，也就算了。"

　　可见，应该如何与老师交流孩子的情况，并不是所有妈妈都明确的。而错误的交流方式，反而让我们没法了解到孩子在幼儿园的真实情况。不仅如此，因为缺乏足够的交流，老师也只能根据孩子在幼儿园的表现来进行教育，至于孩子在家是什么样子的，出了幼儿园又可能发生怎样的变化，老师都一无所知。这就使得很多孩子可能会出现在家里表现一个样，在幼儿园表现另一个样的情况。

　　所以我们要意识到，和老师的交流应该重点交流什么。

　　想想看，我们最想了解的内容是什么？就是孩子在幼儿园经历了什么、表现怎么样，他有没有出现什么问题，有没有发生什么变化。了解这些后，再来对照孩子回家之后的表现，我们就可以更好地调整自己的教育方式，以配合幼儿园的教育。

　　我们在和老师交流的时候，要选择重点内容。一般来说，老师都会把孩子一天在幼儿园里做了些什么用照片、文字或者视频的方式发布出来，那么我们就可以根据这些已知的内容做进一步的了解。

比如，老师向家长们表明今天孩子们学习了日常礼仪，我们通过观察如果发现孩子的表现不算很积极，就可以询问老师当时的情况是怎样的，孩子具体的表现如何，后来有没有进步。如果孩子有进步，我们就要给他鼓励，并在家中帮他巩固练习；如果孩子的表现依旧不积极，我们就要在家中对他加强训练，帮助他能跟上教学的步伐。

这样的了解方式才是正确的，我们要善于从老师所发布的集体内容中发现孩子的问题，接下来的交流才是有针对性的、有意义的，才能帮助到孩子。

同样的，正因为是交流，所以就不能只是我们向老师了解孩子在幼儿园的情况，而是要让老师也能了解到孩子在家中的情况。还用这个学习日常礼仪的内容来举例子，如果孩子的表现不算积极，我们可以和老师说说平时他在家里是怎样的，是一直都很有礼貌，还是一直不太注意礼仪，当老师了解了孩子在家中的情况之后，就能更好地调整他的教育方式，做到有的放矢。

总之，和老师的交流应该是有重点的，我们要向老师了解孩子在幼儿园的情况，也向老师介绍孩子在家里的情况。只有做到彼此了解，才能给孩子更全面的教育。

感谢老师的辛苦工作！

——给老师以最基本的尊重与信任

有几个问题需要我们思考一下：

您觉得幼儿园老师是一份怎样的职业呢？

您是怎么看待他们的工作的呢？

您认可这些老师的工作吗？

您信任他们吗？

现如今，幼儿园老师的职业越来越被大家看重，因为他是孩子离开家门接触到的第一位老师。这位老师对孩子的影响至关重要。

我们之所以要考虑这几个问题，是因为有一些妈妈在对待老师的观念上有偏差，她们会认为幼儿园的老师无非就是"替我们看孩子的""只要能让孩子吃饱、穿暖、睡好、玩得开心就够了""别欺负孩子，也别让孩子被人欺负""反正也不可能教得出来什么东西""就是陪着孩子玩就够了"。

但事实真的如此吗？有一位妈妈参加了幼儿园的实践体验活动，记录了这一天自己和老师的活动：

　　早上 7 点半我就到幼儿园了，那是个大雨天，但没想到老师去得比我早多了。我到幼儿园时，他们已经把教室、卫生间等地方都擦得干干净净了。我体验的职位是保育老师，我以为不过就是给孩子们拿拿饭、喂喂饭，伺候他们喝水、上厕所而已。但我错了，从进了教室门开始，我便进入了忙碌的状态。

　　每当孩子们做完一件事，就要擦洗桌子和地板，清洗他们擦手的毛巾、玩具，清洗换下来的拖鞋。拿饭、分餐，照顾到每一位小朋友的饮食，时刻提醒孩子们喝水、倒水，有孩子流鼻涕了、掉眼泪了，我就要拿着纸巾赶紧跟上并给他们擦干净。

　　因为孩子们用的东西都是低矮的，所以我跟着老师要一直弯着腰，弯着腰擦洗桌子、椅子，弯着腰擦洗小小的洗手池，弯着腰清理小小的马桶，一刻也不停歇。

　　抓着劳作的空隙，我观察了主班老师与副班老师的工作，她们要不停地说话，主班老师在讲课、讲故事或者主动操作的时候，副班老师就在一旁关注所有的孩子，走神了、想上厕所了、出现各种情况了，副班老师都要跟上，同时还要抓时机拍下照片，以便于一天结束之后发给家长们进行了解。

　　到了中午吃饭的时候，孩子们都吃饱了、睡觉了，老师们才去吃饭。趁着孩子们午睡的时候，老师们还要凑在一起总结一下工作，商量一下下午的事情。当孩子们睡醒了，老师们就又要开始帮他们穿衣服、梳辫子、套鞋子。

在这一天，我觉得我真是没有一丝停歇的时刻，感觉很累。但是想想看，老师们每天都如此，每天都要这样做。仅仅一天的体验，让我觉得老师的辛苦真的不是我们能想象的，他们的付出并不能完全通过照片、视频展现出来。回想过去，我真是忽视了他们的辛苦。在这里我想对老师们说一声：为了孩子，你们辛苦了！谢谢你们！

这是一位妈妈的亲身经历，这样的体验也许会让我们对老师的工作有一些了解。回想一下，在家中，我们要面对的是一个孩子，或者再多也就两三个孩子，需要说那么多话、做那么多事，陪着他们玩、做饭给他们吃，什么都要管，我们还觉得劳累无比。而幼儿园的老师却要面对一群孩子，有的是十几个，有的是二十几个，甚至更多。一群叽叽喳喳的小宝宝，各种情况都有可能发生，全靠这几个老师来协调、统一，这份工作能不辛苦吗？这份辛苦是值得我们去尊重的。

另外，有的妈妈总是不相信老师能照顾好自己的孩子，这其实就是我们自己内心的矛盾了。兼顾所有孩子，是老师的任务，不可能落下哪几个孩子不管。而且，3岁开始入园的孩子，本身就处在不断成长的过程中，他们会逐渐学会自己处理自己的事情，会越来越独立。我们将他送进幼儿园，其实也正是要培养他的这种能力。

在幼儿园，老师会针对孩子的情况帮助他养成自己做事的好习惯，妈妈要做的就是相信，相信老师，也相信孩子。相信孩子会经过有条理的学习取得进步。如果不放心，就请多看看孩子的变化，看看他与之前相比，是不是自己穿衣、吃饭、摆放玩具做得更好了，是不是能更主动地表达自己的意愿了，是不是比之前更有礼貌了，等等。

很多父母发现，孩子上了幼儿园后像是一下子长大了很多，出门不让妈妈抱了，回家会自己吃饭了，与他人主动打招呼更加有礼貌了。这些表现和老师的教导有很大的关系，面对孩子这些可喜的变化，我们真的应该好好谢谢老师！对老师说一声：您辛苦了！

宝贝，妈妈再问问老师好吗？

——孩子的和老师的说法都要听

从幼儿园归来的孩子，会迫不及待地告诉妈妈今天在幼儿园发生的好多故事。听到好笑的故事，我们和孩子一起哈哈大笑。但是，当我们听到自己不想听到的内容，比如"小朋友欺负我了""老师都不管我"之类的话，我们的内心又会产生一些不安。有时，孩子还会说出一些不合常理的事情，我们又会产生疑惑。每当这时，我们就要仔细分辨，孩子所说的是否属实。

由于这一时期的孩子，其思想等各方面都开始迅速发展，他能想到的东西会更多，语言表达也比之前更流利。但也正因为他"想法多多"且想象力丰富，有时他表达的也许并不是事实，他的表述中掺杂了非常多的属于他自己的主观臆想的那部分。

比如，一位妈妈就讲：

我女儿回家告诉我，老师给所有小朋友买了小裙子，大家都能穿着漂亮的小裙子上台表演了。我听得一头雾水，老师给小朋友买小裙子？我们做家长的怎么不知道呢？我赶紧询问老师，结果老师听了也哭笑不得，原来老师说的是要所有小姑娘回家准备小裙子，过一段时间会有节目表演，并不是老师给小朋友买，而是大家穿自己漂亮的小裙子就可以了。

　　类似的事情发生过很多次了，我觉得我真得加强与老师的沟通，不然万一哪天我只听了女儿的"片面之词"，闹出笑话来可就尴尬了。

　　孩子对于自己眼见的、耳闻的事情，并不一定会如实复述，他会不自觉地加入自己的感想，甚至是将自己的希望转化成现实，然后表达出来。很多妈妈会被孩子这种表述所"迷惑"，因为孩子一定会用很真诚的眼神看着家长，并一字一句地描述出来，而且家长问什么，他会随着回答，如果顺应了他的心意，他就会非常肯定地点头，让家长也不自觉地认为他说的就是真的。

　　所以，就如前面那位妈妈所说的，当孩子对我们描述了某些事情，当我们感到疑惑的时候，最好还是再去找老师求证一下，否则就真有可能闹笑话或者出问题了。

　　另一位妈妈则讲了这样一件事：

　　去幼儿园接儿子的时候发现他很不高兴，眼睛两边有些红。

回家之后我问他发生什么事情了，他说，老师拧他了。一听这话，我觉得浑身冰凉。但我还是比较理智地继续询问，但孩子确定是老师拧了他脸和胳膊。

我仔细想了想，从日常接触和孩子平时的感受来看，幼儿园的老师并不是那么暴力的人。但看到孩子这么不高兴，我又怕误解了孩子。

带着忐忑的心理，我联系了老师，向老师询问到底怎么了。听到我的询问，老师也吓了一跳，连忙告诉了我事情的实情。原来是我的儿子和另一个小男孩发生了矛盾，儿子推了对方，对方则过来抓拧了他的脸。老师将两个孩子拉开，两人都受到了教育，毕竟打架不是好事，伤人就更不对了。

老师很有诚意，带着我调看了视频监控，事情果然如老师所说的那样，我这才松了口气，并连忙对老师表达了歉意。老师反而也对我表达了歉意，说没有及时通知事情的真相，才让我们闹了误会。

那么明明孩子的脸是被别的小朋友抓伤的，为什么他会对妈妈说是老师拧的呢？有两方面的可能：一方面，可能是慌乱中孩子受到了惊吓，记不清是怎么受的伤，妈妈问起的时候"扣错了帽子"，把伤人的帽子扣在了老师头上；另一方面，可能是当时对老师的批评很不服气，出于小孩子单纯的"报复"心理，把老师说成了施暴者，这样妈妈就能找老师去给他"出气"了。

不管孩子是无意还是故意，当面对这样的事情时，我们一定要稳住心神，不能一听说孩子在幼儿园被"欺负"了就找老师"评理"，更不能单方面听孩子的话去指责老师。我们应该静下来来和老师沟通，相信老师一定会还原事情的"本来面目"。

　　从这件事来看，我们就更加有必要与老师加强沟通了。很多事情单独听孩子的说法或者单独听老师的说法都是没法了解事情全貌的。特别是孩子的说法，他带有主观想象的描述，有时和事实相距甚远。所以，我们应及时与老师联系，只有综合两方面的表述，才能帮助我们还原事情的真相。

　　不过，针对孩子这种带有自己想法的表达，我们也要理智看待，很多时候他并非有意"说谎"，只不过他的情绪和想象在某些时候会占据上风。我们只需要了解事实就足够了，而不要因为他说的与事实不符就去指责他不诚实，毕竟"说谎"的"帽子"太大了。随着思想的不断成熟，孩子也将逐渐明白想象与事实之间是有差距的，之后他的表达也将越来越接近真相，而不是只凭借自己的喜好和想象去描述。

好吧，我们都是理智的成年人

——不与老师起无谓的冲突

当孩子走进幼儿园，便脱离了我们的视线范围，即便老师有视频、照片、文字来让我们了解孩子一天的动态，但我们也不可能全天候盯紧。所以，很多时候我们都是在一些事情发生之后，才会有所感悟和体会。

比如，孩子在幼儿园哭了，我们多半不可能知道那一瞬间他发生了什么事，老师也许会告诉我们发生了怎样的事情，但孩子在看见我们那一刹那，可能还会因为委屈而继续哭泣，甚至哭得更厉害。这就会让我们陷入一种疑惑且心疼的境地，亲子情会使我们瞬间疑虑重重，保护孩子的心思会占据上风。

如果此时，老师给予我们的答复有任何令我们不满意的感觉，我们可能会在那一瞬间觉得焦躁，感到愤怒，接下来就无法好好沟通了。

其实这也是人之常情，孩子在他人生的前三年里一直跟在我们身边，他的喜怒哀乐都由我们亲眼见证，但3岁之后，他走进了幼儿园，远离了我们的视线，我们没法时时刻刻陪伴他左右，不能分分秒秒掌握他的动向。这种不确定感原本就会让我们心里没底，所以当孩子放学后还哭闹不止，我们自然就会有些焦躁。

虽然我们的焦虑可以被理解，但我们还是要学会控制这种情绪。一位妈妈讲述了自己女儿在幼儿园的故事：

朵朵今年刚满三岁，是大家庭里唯一的女孩，从小周围不是哥哥就是弟弟，她像个小公主一样，人人都宠爱她。可是去了幼儿园之后，每天总是哭着回来。

那天中午，老师给我打电话，说朵朵在学校和小朋友打架了，脸被抓伤了，我一听就急了，赶紧问要不要紧，老师说脸上被抓了一道印。我心疼坏了，冲着老师发了一顿脾气，问她是怎么看孩子的。

可是老师说，对方小朋友的胳膊上被朵朵咬了一个特别深的牙印，都快咬出血了，我一听就吓坏了。因为我知道她的小牙可厉害了，在家里"横行霸道"不是欺负哥哥，就是欺负弟弟，连哥哥都被她咬哭过。可是大家都宠着她，没人说过她，真没想到她在幼儿园也敢咬小朋友。我顾不上发脾气了，赶紧和老师约好了，放学的时候和那位小朋友的家长见面，一起商量怎么处理这个问题。

放学我接她的时候，她白嫩的小脸上多了一道血印，可把我心疼坏了。可我一看，那位小朋友小胳膊上的牙印都快出血了。

原来，他俩都看上了一个玩具，同时拿起来又互不相让，最后朵朵争抢不过就使劲咬了对方，对方也不示弱，抬手就抓了她一把。整个"战争过程"在半分钟之内，老师还没回过神来，俩人就都"负伤"了。

经过了解才知道，那个小朋友在家里也"横行霸道"。我们两个家长本来都气呼呼的，可碰了面都觉得很不好意思，觉得给老师添了麻烦。最后，我们和老师约定，一起想办法，"治治"这两个"小霸王"。这要是老惹事可怎么办啊！

这位朵朵妈妈还没有弄清楚事情的来龙去脉就劈头盖脸地冲老师发火，这样的做法是不可取的。谁都不愿意看到孩子在幼儿园受伤，但是，刚入园的孩子还处在适应阶段，与小朋友相处还带着许多在家里养成的习惯，觉得大家都应该让着自己。这样的想法会让他吃亏、碰壁。

当然，这也是一件好事，他可以从这些事情中慢慢获得与人相处的经验，会变得更加适应集体生活。在这个适应阶段里，我们一定要沉住气，不能被"风吹草动"打乱了阵脚，要多与老师沟通交流，去了解幼儿园本身的教育理念，了解老师工作的流程，了解他们对孩子的教育是一个怎样的出发点和一个怎样的过程。

当我们对老师、对幼儿园有了全面的了解时，我们也就能和老师积极地配合，再遇到问题时，就不会因为情绪冲动而犯下错误了。我们要给孩子做一个好榜样，遇到问题一定要心态平和，积极与老师沟通，这样才能和老师携手，一起为孩子的成长保驾护航。

第六章

妈妈，幼儿园明天有活动！

——家园合作让孩子更有归属感

　　孩子初入幼儿园，不适应感是不可避免的。每个孩子的适应能力各有不同，有的孩子能很快适应，有的孩子却要慢一些。要想孩子能更快地熟悉幼儿园，仅劝说、安慰显然是不够的，一个更好的方法就是参与家园合作，陪着孩子一起感受幼儿园的快乐，从而让他对幼儿园更有归属感。

这是一家怎样的幼儿园呢？

——积极了解幼儿园在幼儿教育方面的内容

在与人合作之前，我们一定会先去了解合作对象的具体情况，然后才能商定具体的合作内容。家园合作也是同样的道理，老师对孩子的了解，可以通过一天又一天的接触来逐步加深，但我们对幼儿园的了解却需要在一开始就做到心里有数。

这是一家怎样的幼儿园？

它有怎样的教育特色？

它能在 3 年时间里给孩子带来怎样的改变？

它的各项教学设施配备得齐全吗？

它的环境是否安全？

它的师资力量足够吗？

它能让我们放心地把孩子送进去吗？

......

在选择幼儿园的时候，我们需要带着这些疑问好好去考察一番，只有都得出满意的答案，我们才能放心地将孩子交给幼儿园。

然而，有的妈妈可能会错误地理解幼儿园的作用，认为这里就是帮忙看孩子的地方，孩子在这里有吃有玩儿就行了；而有的妈妈则认为这里就是让孩子提前学习小学知识的地方，只要老师能教知识就可以了。当我们对幼儿园的定位比较模糊的时候，我们就难以全面地了解它。这样仓促之下作出的选择，可能就不是一个明智谨慎的选择。

其实，除了吃与玩儿，除了幼小衔接这部分内容，孩子的成长是一个全面的过程。3 岁左右的孩子，刚好处在各方面飞速发展的关键时期。正规且有教育原则的幼儿园，其本身就会对幼儿的发展有良好的规划，至少会对孩子进行包括学习能力、礼仪规范、生活技能等方面的培养，以保证其养成基本的好习惯。

如果我们只认为幼儿园是"帮忙看孩子的地方"，就会忽略幼儿园本身的教育内容，使得孩子只能在幼儿园接受教育，回家之后便被"大撒把"，让他的好习惯总是没办法被持续养成；如果我们认为幼儿园是"小学的先锋站"，那么幼儿园就会被我们看成只是提前教小学知识的场所，这样就会忽视孩子其他方面的学习与发展。

由此可见，在送孩子去幼儿园之前，我们一定要对幼儿园进行正确的定位，并且要详细了解想进入的那家幼儿园，看看它各方面的条件是否符合我们的预想。

一般来说，在孩子入园之前，我们都会对幼儿园有一个大致了解，关于教育方面的内容，可以向老师好好咨询一下，也可以参与体验课程去亲身感受，还可以跟已经进入这所幼儿园的孩子的爸爸妈妈们侧面询问。

但是，这种入园前的了解，并不是简单地全面接纳，我们一定要理性思考。我们要思考幼儿园提到的那些教育内容，自己有没有注意到，或者有没有有意识地在家中对孩子进行过培养；思考自己还有哪些没有注意到的教育内容，自己的教育原则与幼儿园的原则有没有冲突，自己的教育方法与幼儿园的方法又存在怎样的差异；看看怎样和幼儿园合作是合适的，怎样提升自我才能保证孩子接受到最全面的教育。

由此可见，了解幼儿园的教育内容，其实也是对我们家庭教育的一个检查。只有对自身的状况了解了，才能在考察幼儿园的时候做到心中有数。考察幼儿园的过程需要我们的耐心和智慧，当我们全面细致地考察了多家心仪幼儿园后，最后综合"胜出"的那家就是最适合孩子学习和成长的。

当然，也只有通过考察之后意识到幼儿园教育做到了什么、我们自己没做有到什么，我们才能更好地做好双方的配合——家园合作。

宝贝，明天妈妈会和你一起去哦！

——尽量不要错过幼儿园的各种活动

在幼儿园时期，孩子的确可以通过与老师的学习、与更多小朋友的接触学到知识、提升能力，但是这其中有很多的内容却是需要我们去配合的。许多幼儿园会不定期地举行一些亲子互动的活动，如果我们经常参与这些活动，也就能帮助我们了解幼儿园、加深亲子关系，并与幼儿园一起合作教育孩子。

但是，很多妈妈对这一点却并不重视。

每次幼儿园举行活动，老师都要提前在班级群里通知所有家长，并着重提醒一句"请爸爸妈妈亲自前来，方便与孩子互动"。然而，每次爸爸妈妈亲自来的并不多，大部分孩子都是爷爷奶奶或者姥姥姥爷，甚至还有姑姑、姨妈这样的亲戚来代替父母参加活动。

老师很无奈地说："提醒爸爸妈妈自己来，就是为了让爸爸妈妈能亲自关注孩子，这样很多教育活动也更容易开展。而且，很多大活动量的运动，老人基本上是做不到的。有时候我们有一些提示或者对家长的教育，老人要么听不进去，要么是关联到太新式的内容而听不懂，导致很多教育内容都没法传递给家长。孩子的体验也不是很好。比如，奶奶和孩子在一起，需要跑步运动了，可奶奶根本跑不动，孩子也只能在一旁站着；上次我们讲到教育思考，有位爷爷都七十多岁了，记都记不住，我们还要提醒他把手机录音打开，结果仅教老人用录音功能就费了很大劲。所以，我们希望爸爸妈妈能亲自参与到这些活动中，孩子也期盼着自己的爸爸妈妈能来，父母不来孩子也会出现心理落差。"

　　这位老师的话发自肺腑。的确，幼儿园的很多亲子活动是针对爸爸妈妈设置的，因为爸爸妈妈不管是从接受能力上还是体力上，都能给予更好的配合，并获得更直接的体验，而孩子也能从中获得满足感。

　　有的妈妈可能会说："我是真的忙，幼儿园活动而已，去不去也不是什么重要的事情。只要家里有人去就行了，我要是能腾出空儿来，我能不去吗？"

　　不排除很多父母实在是工作忙，抽不出时间。但是，越是忙碌，我们越应重视幼儿园的活动，因为这样的活动可以让我们用很少的时间更加深入地了解幼儿园，在活动中我们也可以更了解我们的孩子。陪伴孩子需要妈妈花费很多的时间和精力，从这个角度来说，仅仅参加幼儿园活动就可以了解到这么多，可谓事半功倍。

如果我们亲自参与了幼儿园的活动，那么在参与过程中，就一定要放下一切，全身心地把这段时间交给自己和孩子。不要一边拿着手机处理公事，一边应付活动。这样的参与感实在是太弱，这样的参与也没有什么意义，孩子会感到非常失望。

还有的妈妈则是专注于和其他家长聊天，俨然就是换了个聚会场所，对孩子要做什么反倒不在意。当然，还有另一种妈妈，太过于在意孩子，总是叫着孩子的名字，提醒孩子要做什么，不要做什么，结果孩子既要听老师的指令，又要分神关注妈妈说了什么，最后两头都没听清，事情搞得一团糟。

对所有妈妈来说，参与幼儿园活动的正确打开方式，应该是这样的：

首先，按时参加。老师一般都会提前通知活动时间和内容，如果没有特殊的情况，应该足够我们安排手中的工作，在准确的时间赶到幼儿园。

其次，认真准备。有很多活动是需要妈妈有所准备的（如手工制作、参与表演等），我们认真地对待，积极准备，这也有助于培养孩子的责任心。

再次，积极主动。在活动进行过程中，我们的态度应该是积极的，最好全程关注着老师和孩子，耐心听老师提到的内容，并认真按照老师的安排去做，和孩子互动时也要专心、耐心。我们对活动重视，会让孩子有更好的表现。

最后，理智评价。活动结束，回到家后，我们要与孩子进行活动感受的分享，这无疑也是培养孩子记忆力、逻辑思维能力的好机会。但我们的评价应是理智的，一定不要因为疲惫就直接说"这个破活动累死我了"。否则，孩子对幼儿园的感受也将受到负面影响，这不利于他日后在幼儿园的生活。

我们要注意从我们口中说出的每一句话。积极正面的语言可以对孩子起到积极引导的作用，语言的力量有时超出我们的想象。此外，孩子会很看重我们对幼儿园活动的评价。所以，我们不妨从自己的收获方面谈一谈对于这次活动的感受，也引导孩子把自己的心里话说出来，这样才会给难忘的幼儿园活动画一个圆满的句号。

我们一起练习你新学到的手指操吧

——与孩子一起熟悉幼儿园所学内容

若想了解孩子在幼儿园都学到了什么，那么向孩子询问是最直接简单的方法；而若想让孩子能更好地学习并记住幼儿园里教授的那些知识内容，那么我们参与其中，与他一起熟悉在幼儿园里的所学，则更能激发孩子的学习兴趣。

老师把孩子们学习手指操的视频发在了班级群里，妈妈很认真地把这段手指操记了下来。虽然很简单，但是做起来却很有趣。

吃完晚饭后，妈妈和孩子一起窝在沙发里，妈妈问孩子："今天你们新学了手指操，是吗？"孩子点头说："是"，妈妈说："老师发在群里了，我看见啦，也学习啦，我们一起来做一遍好吗？"孩子很惊奇，连声同意。

于是，妈妈和孩子一起伸出四只手，并慢慢地齐声说道："一个手指，一个手指，点点；两个手指，两个手指，剪剪；三个手指，三个手指，弯弯；四个手指，四个手指，叉叉；五个手指，五个手指，开花。"

母子二人一边说一边做动作，一开始是分着做，再说一遍的时候，妈妈就开始和孩子的小手互动，一边说一边笑着做动作，孩子被逗得"咯咯咯"笑个不停，连声要妈妈再来一遍。

很长一段时间后，孩子对这个手指操都记忆犹新，并非常喜欢和妈妈一起互动，他觉得这样的学习过程真是太开心了。

幼儿园时期的孩子，喜欢将自己的所学在他人面前展示，喜欢在玩的过程中学习。如果妈妈参与其中，与他一起熟悉所学到的内容，他就会对所学内容产生一种亲切感。而在孩子看来，只要能与妈妈在一起，很多原本无聊的内容就会变得快乐起来，这无疑也会帮助他记住更多的知识。

在与孩子一起熟悉所学内容的过程中，我们应该保持平和乐观的心态，因为孩子肯定会出现学得不到位的情况，而且学习时注意力不集中或者讲一半就忘记了都是常态。这时，我们的态度将决定他未来继续学习时的态度。

来看这两位妈妈的表现：

第一位妈妈：

晚饭时，妈妈询问孩子在幼儿园学了什么，孩子当时只顾着吃好吃的饭菜，便头也不抬地说：“不知道。”妈妈一皱眉：“怎么能不知道呢？你到底学了什么啊？”孩子依旧摇头。妈妈不高兴地说：“那你去幼儿园就只是去傻玩了吗？什么都学不会，总是‘不知道’，我看你也够笨的。”孩子终于抬头了，他很委屈，嘴里的饭菜也吃着不香了。

第二位妈妈：

妈妈问孩子：“我看到你们老师教你们唱儿歌了，你给我唱唱吧。”孩子只唱了前两句，后面就想不起来了。妈妈就开始说了：“你没记住吗？我都会唱了，你还记不住？你跟我一起唱。”孩子却摇头：“我不要。”妈妈则说：“你这么小就不虚心，以后什么都学不会。”孩子噘起了嘴，更加不愿意唱了。

对于3岁左右的孩子，不要提那么高的要求，我们之所以要和孩子一起熟悉这些内容，只不过是对幼儿园的教学内容有一个了解，也对孩子的所学情况有一个了解。但这并不是为了让我们发现孩子到底有多“笨”，而是通过这样一种了解来让孩子感觉到我们对他在幼儿园活动的关心，这会让他感受到自己去上幼儿园是有意义的。妈妈的关注和与他一起学习的过程，会让他对幼儿园产生美好和向往的感觉。所以，我们不要因为孩子暂时没学会，就忘记了我们关注他的初衷。给孩子一种妈妈在关注他的感受，这是他爱上学习的动力源泉。

　　作为妈妈，我们也应该放宽心。如果我们只注重孩子是不是学会了，只要没学会就批评他，那他就会更加排斥幼儿园。我们倒不如轻松一些去应对，让他在放松的状态下，以和他一起玩乐的方式来帮助他回忆所学内容，这样做既能让他感觉到快乐，又让他自然加深记忆，在增进亲子关系的同时，也让孩子更喜欢上幼儿园。

宝贝老师，妈妈同学要好好听讲啦！

——玩"老师学生"的扮演游戏

对于幼儿园时期的孩子来说，游戏的过程就是学习的过程。幼儿园会安排各种游戏，让孩子们在游戏中轻松学习。

有一种游戏非常贴近这一阶段孩子的需求，如果玩得好，不仅会让孩子轻松掌握所学，而且会让他更愿意去上幼儿园，并愿意与老师相处。这个游戏就是"老师学生"的角色扮演游戏。

有一位妈妈就体会到了这其中的乐趣：

有一天，我忽然想到了一个点子，忙完家务之后就对孩子说："宝贝你要不要做老师？妈妈来做小朋友，你来教妈妈今天在幼儿园学到的东西吧。"孩子的眼睛一下子亮了，她跳下沙发，搬来小凳子，从怎么坐好开始教起。她教得那么认真，还拿来家里画画的小板子当黑板，她有模有样地在小板子上画圈圈，并假装那是她的教学课程，一字一句地给我讲，还让我上前和她互动。

她萌萌的小模样真是太可爱了，而这个过程中，她不停地说着，我也发现这其实是一个练习表达的好机会。你以为她是瞎说吗？不是的，一开始她的确不知道说什么，但后来她好像想起了老师教她的东西，真的有模有样地告诉我怎样比较大小，怎样给相同颜色的东西连线。她教得很起劲，而我从她教的那些内容中，也逐渐了解了当下阶段她都学到了什么内容。

快睡觉的时候，孩子意犹未尽地对我说："妈妈，明天，我们还玩这个游戏吧。我要好好当老师。"我趁势说："好啊，那明天你去幼儿园就要好好向老师学习哦。"她第一次以一种急迫的语气说："好想明天快点来啊，这样我就能快点去幼儿园了。"

孩子都喜欢玩游戏，而且 3 岁之后的孩子其实更愿意参与一些能激发他主动性的游戏，而不是被动地跟随或听从。"老师同学"这样的游戏，就恰好顺应了孩子的心理。

这时期的孩子对"老师"这一角色其实是怀有一种崇拜心理的，因为老师是除了爸爸妈妈之外，又一个很"神奇"的存在，好的老师也像妈妈一样对孩子很亲切、温柔，老师还会讲很多故事，会教他好多知识，还能一整天都陪着他玩。所以，在孩子心目中，老师也是一个非常重要的人。

能够模仿如此重要的一个人，孩子也是很兴奋的。而原本"高高在上"的妈妈，或者说是"无所不能"的妈妈，这时候扮演起了小朋友，还要向孩子学习，跟着孩子做各种事情，这对于孩子来说是一种新奇的体验，他也会更乐于投入。所以，我们应该抓住孩子的心理，让他能好好体会这种与之前完全不一样的快乐心情。

在玩这个游戏的过程中，我们需要注意以下几点：

第一，一定要认真对待这个游戏。要让孩子觉得自己是个小老师，而我们要表现得像一个认真听讲的小孩子。这种情景再现，会让孩子更努力去回忆所学，更愿意将这个游戏继续下去。

第二，不去挑孩子的错，也不要总提醒他该怎么做。这只是个游戏，所以不要那么严格要求孩子必须做得和老师一模一样。家长的指责会让孩子觉得自己这样做是错的，你挑出来的错也会打击他的自信心。还是那句话，我们只需要全身心投入就够了。

第三，要积极配合孩子。只有我们真的在学习，孩子才会真的把自己学到的东西回忆出来，再"教"给我们。我们只要按照他说的去做，积极回应他的要求就好。

第四，从孩子的表现中，我们其实是可以注意到老师的一些表现的。比如，当孩子对老师的模仿多是"批评教育"时，那就意味着他的老师本身就经常批评人；当孩子对老师的模仿只是单纯地教育知识时，那老师可能也只注重了知识教育本身；而当孩子能够对我们温柔以待，或者很耐心地提醒我们怎么做，这也就意味着老师本身是一个很温柔、懂孩子的老师；等等。通过孩子的表现，我们可以"看到"老师的表现，这有助于我们与老师进行合理的沟通，从而实现更好的家园共育。

爸爸、爷爷、奶奶、姥姥、姥爷，一起来！

——帮孩子建立更坚定的归属感

家园合作需要谁去与老师配合？是只有妈妈妈吗？不，如果有可能，如果有机会，不妨全家人都参与，让我们这一整个家庭都和幼儿园形成良好的互动关系，帮助孩子建立更为坚定的归属感。

之所以这样讲，是因为孩子原本就是生活在一个大家庭中的，特别是现在很多独生子女父母组建的家庭之中，孩子会接触更多的长辈。如果一个家庭中，只有妈妈对幼儿园教育有详细的了解，只有妈妈知道怎么和孩子进行与幼儿园有关的游戏互动，而其他人依旧我行我素，按照自己想的去做，不了解幼儿园是怎样引导孩子的，那就很容易在家庭内部引发关于教育问题的"矛盾"。

因此，当孩子上幼儿园后，我们也不妨来一个"全家总动员"。

让孩子的爸爸参与家园互动。

很多家庭一遇到和幼儿园互动、参与活动时，来幼儿园的多是妈妈，老师一般也多会与妈妈加强联系，这就让爸爸的作用在不知不觉中被弱化了，甚至边缘化。但爸爸是幼儿教育过程中一个必不可少的角色，而很多时候爸爸起到的作用是妈妈不可替代的，所以我们也要提醒爸爸多参与家园互动，并给爸爸创造机会，延长他与孩子相处的时间，增加他参与家园互动的次数。

给老人讲一讲现如今的幼儿园教育。

很多老人对幼儿园的了解并不多，但显然现如今的幼儿园一般都有全新的教育理念，也有全新的教育方法，如果老人不了解这些内容，就很容易只是被当成孩子的"接送人"而已。老人无法向我们传递更多的消息，也没法和老师更好地互动。

所以从给孩子选择幼儿园开始，我们就要给老人讲一讲现如今的幼儿园教育是怎样的，需要家庭怎样配合，告诉老人现在的孩子们都可能会学什么、接触到什么，让老人对幼儿园教育有一个清晰的概念，对"家园共育"也有一个全新的认识。

有一些活动尽量全家齐上阵。

幼儿园里的活动，除了要求爸爸妈妈亲自参加之外，很多时候也希望多一些家人来参与的。比如，一些演出、亲子运动会等活动，如果家人来得多，就不仅会让孩子更有安全和放松感，而且能让孩子感受到全家人对他的关爱与重视。

所以，遇到类似的活动时，全家人不妨安排好时间，都来与孩子互动，为孩子加油鼓劲，和孩子一起上阵游戏，让孩子逐渐意识到，去幼儿园原来是一件如此快乐的事情。

全家都要加强与老师的交流合作。

很多妈妈，尤其是职场妈妈，的确没有太多的时间与老师频繁互动，那么此时其他家人如果能和老师建立良好的交流沟通，就既能为妈妈解压，又能使全家人对幼儿园的教育以及孩子的情况有更全面的了解。

所以，如果老师建立了班级群，全家人不妨都加入进去感受一下；如果老人不会使用智能手机，我们也要经常向老人介绍老师发布的内容，让老人也能时时掌握幼儿园的动向及孩子的教育情况，做到心中有数。

第七章

妈妈，不是您想的那样！

——走出教育模式与教养方式的误区

孩子进入幼儿园，是他人生迈出的一大步。这一步迈得如何，其实是与妈妈的表现有很大关系的。在让孩子接受幼儿园教育这方面，我们要避免走入一些教育模式与教养方式的误区，要让孩子能真正接受到良好的家园共育，并从中有所收获。

反正有老师看着，我可是省心了

——幼儿园不是妈妈回避责任的所在

经历了生产时的疼痛，经历了照顾孩子第一个月时的手忙脚乱，经历了逐渐步入正轨的养育过程，我们终于迎来了孩子即将进入幼儿园的时刻。在这一刻，很多妈妈会松一口气，有了老师的帮忙，我们在教育孩子方面的压力也相对会小一些。

这就使得很多妈妈反而会出现一种急切的心理，那就是：终于可以把孩子送去幼儿园了，反正有老师看着了，我就可以省心，也可以放松了。带着这样的心理，很多妈妈会不自觉地退到"第二教育者"的位置。还有很多妈妈更甚，只愿意做一个接送者，一遇到需要亲子互动的活动，反而还会嫌麻烦。不仅如此，这样的妈妈还可能振振有词地说："我们是信任幼儿园才把孩子交给他们的，难道他们不应该回报我们的信任吗？"

要知道，幼儿园教育只是幼儿教育的一个组成部分，有的孩子甚至都不会经历幼儿园的教育，所以教育的基本实施者还是我们。即便将孩子送去了幼儿园，也是让他去接受集体环境下的教育，让他学会如何在集体中生活，如何与人正确相处，如何向老师、向其他孩子学习，但这并不意味着我们可以将自己的教育权利转交出去。

对于孩子来说，不管什么时候，母亲对他的影响都是根深蒂固的，家庭教育的好坏，也是他能否取得更大进步的关键所在。接受幼儿园教育，孩子会享受到更多不同类别的教育内容，但这永远都替代不了家庭教育。

有的妈妈说："我正是因为忙碌才把孩子送去幼儿园的，我忙得看不了他。"这样的想法其实也是一种借口，不管是不是真的忙碌不堪，教育孩子都是作为妈妈的我们义不容辞的责任。倒不如说，把孩子送去幼儿园了，我们有了更多可以独处或者学习的时间，更要好好配合幼儿园的教育内容，不断丰富自己的教养知识，让自己的教育能跟得上孩子成长的步伐。

一位妈妈就讲："把孩子送去幼儿园没几天，他所表现出来的变化就已经令我吃惊了。我之前一直觉得他还是个小孩子，与入园之前没什么两样，没想到才几天，他就已经开始超出我预期地长大了。我发现他经历了集体生活之后，慢慢像个大孩子一样懂事。所以我不得不调整原本的教育内容，再用对待小孩子的态度与他相处就不合适了。这种变化让我不得不去了解幼儿园的教育内容，也让我不得不去翻书学习，并不断思考。我想，这也是孩子的成长给我带来的一种前进的助力吧。"

这就是一个非常好的总结。孩子进入幼儿园之后，接触的人、事、物多了，我们慢慢就能发现很明显的变化。这就促使我们绝对不能放弃关注、教育他的权利，从他那不断变化的状态来看，这正是幼儿园教育带给他的成长。通过孩子的变化，我们会意识到他在幼儿园都学到了什么，而幼儿园的老师也能发现他在家中打下了怎样的良好基础。这种双方共同促进的教育模式，会让孩子成长得更快。

如此快速的成长过程，你还舍得将责任推开吗？一旦你推开了，那么你就可能遭遇教育的空白期，当你再想要和孩子有所联系时，你就会发现自己的所想、所说，也许就跟不上孩子的思想了。你自以为对他开展了良好的教育，可实际上孩子早就已经学会了、了解了，你重复性的或者低于他能力范围的教育，会让他失望，并认为你很无趣，这难道是我们想要看到的吗？

如果你不想看到这种情况发生，那就不要丢掉自己的责任。孩子去上幼儿园是经历成长去了，我们呢？当然也不要放弃成长啊！我们也要对自己说一声，"加油，妈妈！"

哎呀，老师这样做不对呀，我觉得……

——幼儿园会有恰当的教育内容

孩子开始上幼儿园了，有的妈妈会如前一节的妈妈那样选择责任外放，但有的妈妈却又完全相反——对幼儿园的教育百般"挑刺儿"，横看竖看都觉得不对，怎么体会都认为差一点，甚至觉得幼儿园的教育压根就是不对的。

有这种想法的妈妈并不在少数，很多老师都曾经接待过这样的妈妈，这些妈妈认为自己受过高等教育，认为自己很早就学习过育儿知识，感觉自己可以把孩子教育得很好，认为老师年轻，认为老师不如自己经验丰富，等等。这样的妈妈会对老师的教育百般挑剔，因为总也不满意，也就没法好好配合老师的教育；因为总是觉得有问题，就可能会对孩子表达类似于"老师说的不对"这样的内容；因为不信任老师，便经常自作主张做一些和幼儿园要求不相符的事情，认为只有出自自己认知的教育才是对的。

但实际上，这样做的妈妈并没有显现出自己博学多才，也没有显得自己很懂教育，反而会让老师感受到一种不被尊重的感觉。从另一个侧面来看，其实也显示出妈妈的不自信。之所以总想要事事亲为，就是不相信自己的孩子能在别人的教导下有进步，不相信自己的孩子可以在脱离自己的掌控之外能成长。

有的妈妈认为，自己这样做就是在为孩子筛选更适合他的教育，是从为他好的角度出发的，但实际上孩子的感受却并非如此。

刚进入幼儿园的孩子充满了新鲜感，老师说的话和妈妈说的内容可能是不同的，他会因为新鲜而格外注意这些内容，如果我们总是在打击他这种新鲜感，可能让他心生厌弃。而孩子对幼儿园这样一个陌生的环境原本就不是很喜欢，如果我们不断地挑问题，并证明自己才是正确的，这无疑让孩子更加讨厌这里，反倒与我们要将他送进幼儿园的初衷相悖。

另外，在听老师话还是听妈妈话这个选择上，孩子是不知所措的，他不确定自己到底应该听从于谁。去了幼儿园，老师说应该这样做；但回家之后，妈妈却说老师说错了。结果，孩子陷入两难的境地，并渐渐失去快乐。

而从另一层面来讲，这其实也反映出我们内心的一种恐慌，孩子脱离了我们的掌控，让我们出现了心理上更深层面的"分离焦虑"，我们固执地认为别人是教不好孩子的，固执地觉得只有在自己身边，孩子才是安全的，才能好好长大。

如果你也是这一类的妈妈，就请先给自己一些自信心，你要相信自己选择的这所幼儿园是没有问题的，也要相信孩子即便离开了你的身边，也可以成长得很好。

就像前面提到过的，我们要对幼儿园有基本的了解，尤其是多了解幼儿园的教育内容。但是这种了解不是为了让我们去挑错，而是让我们通过思考将幼儿园教育与自己的教育结合在一起，我们要做的是实现"1+1＞2"的目标，而不是去挑三拣四、不断否定。

我们和老师在一起交流时，也要以讨论为主，而不是指责。老师要面对的是一个集体，他的教学方式会从集体出发，教育内容也会考虑让更多的孩子都有收获。幼儿园的教育安排也可能是循序渐进的，我们要带着一种包容的心态来看待。既然决定将孩子送去幼儿园，我们就应及时转换心态，只有和幼儿园彼此接纳，才能让孩子有更愉快的幼儿园生活。

我的孩子怎么哭了？怎么摔倒了？

——孩子不是娇弱的花朵

孩子进入幼儿园，开始体验集体生活，开始尝试独立面对问题。但在这一点上，很多妈妈却还没有独立起来，看到孩子哭了、摔倒了、与别的小朋友不一样了，甚至是没在老师发的照片里找到孩子的身影，就立马觉得心里很不舒服，觉得自己的孩子受苦了。

一位妈妈就这样说："在家里，孩子也会哭、会摔倒，我们都觉得挺心疼的，看见他眼泪哗哗地流，也会马上安慰他。可他去了幼儿园，哭了、摔倒了，有时候都没人理啊，他得自己爬起来，自己擦眼泪，老师就安慰那么两句，就不管了。这孩子得多难受啊！我如果偷偷去看看吧，一看见这个情况我就心疼；可如果不去看吧，一想到孩子是不是又跌倒后自己爬起来，自己哭、自己擦眼泪，自己心情不好了还得继续自己吃饭，我就觉得这心里啊，真是难受得不行了。"

母子连心，孩子哪怕遇到一点小问题，做妈妈的心里都会感觉不舒服，这是正常的。但如果一直用这种担忧不已的心态去看待孩子，甚至整日忧心忡忡地生怕孩子出什么问题，那最后受累的可就是我们自己了。

　　另一位妈妈就是这样说的："孩子刚去幼儿园那几天，我在家里心神不定，总怕他哭闹什么的，担心他受伤、吃不饱、喝不上水、尿裤子。结果呢，老师告诉我，孩子也就早上进幼儿园的时候不乐意一会儿，后来一整天下来都挺开心的。我这一个人在家里这么担心他，他自己可没什么感觉，我这不是白费劲？这还不算，我接他回家，问他哭了吗？委屈吗？被欺负了吗？他还挺不耐烦，除了摇头没别的话，问多了他就直接回我一句'你别说了'。这是不喜欢这个话题的意思吗？我这是图什么啊，我为了谁啊？"

看，在妈妈还没有转换心情的时候，孩子却已经在慢慢地学着去适应一个新环境了；在妈妈还总是想着负面内容的时候，孩子却已经不愿意再去讨论这个话题了。妈妈为孩子担忧是正常的，但不要让这种担忧成为我们生活的全部。如果孩子自己都开始努力朝着新的人生阶段迈进了，我们还有什么理由不跟上他的脚步呢？

孩子不是娇弱的花朵，选择将他送进幼儿园，意味着我们就已经做好让他去面对陌生环境的准备了，那就要以信任的眼光去看待孩子，相信他可以凭借自己的力量去适应这个集体。

有的妈妈可能会说，我还是觉得不放心。那也没问题，与其总是担心他做不到、做不好，不如和幼儿园配合起来，尽快教孩子学会做更多的事情，培养他具备更强的自理能力，当他可以自己做很多事情时，我们多少也会更安心一些。

至于哭泣、摔倒、受点小伤、尿裤子、吃不完饭、和小朋友有矛盾……这些都是在幼儿园里常见的事情。孩子总要经历这些事情，并学着自己去处理，学着向老师求助，然后自己一点点长大。其实在这个过程中，孩子更希望获得妈妈的鼓励与肯定。

孩子跑出幼儿园大门看见妈妈后，说的第一句话就是："妈妈，我今天摔倒了，但我没哭。"妈妈摸摸她的头，连声说："没哭啊，真棒啊！长大了就不哭了对不对？"孩子点着头说："我是大宝宝了，我跌倒都不哭了，我是个勇敢的宝宝。"妈妈也跟着点头，孩子就说："老师也是这么夸我的。"

你看，孩子正在我们看不见的地方慢慢坚强起来，而他也在凭借我们的态度来判断自己是不是可以继续在妈妈面前软弱一下。如果我们对他的坚强予以肯定，他也会用变得更坚强来回报我们。

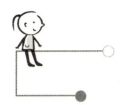

老师，你怎么不理我们孩子呢？

——老师会对所有孩子一视同仁

孩子在家里时，是全家的焦点。除了那种发自内心的喜爱，还因为这是一个弱小的生命，我们要关注他的吃喝拉撒睡，也要关注他是不是快乐，有没有成长。

但当孩子进入了幼儿园之后，就会出现另外一种情况，原本是一群人围着孩子转，现在是一群孩子围着老师转。两三个老师要面对十几个甚至更多的孩子。且不说孩子会出现心理落差，很多妈妈就已经不淡定了。

　　每天傍晚将孩子们送出幼儿园之后，老师都会把当天孩子们在做各种活动时候的照片发布到班级群里，家长们会通过翻看照片来感受孩子们一天的活动。但是老师每天都要回复这样一些内容："老师，怎么没看见我家××呢？""老师，我家××是没和小朋友一起玩吗？""老师，怎么我家××拿的东西和别的小朋友拿的不一样呢？""老师，我家××没吃饭吗？""老师，我家××请您多照顾一下，他还小。"……

孩子不爱上幼儿园，妈妈怎么办？

老师很无奈地说："孩子们在幼儿园都挺好的，照片里没他可能是他去厕所了，也可能是老师的镜头里没装进他去。孩子们都很活泼，我们的工具也好、玩具也好，都是各式各样的，不一样也并不影响使用。我们也会根据孩子们的特点来安排活动，没有办法特殊照顾某一个孩子。"

从亲情角度来说，我们当然会更关注自己的孩子，对于他的表现也会更加关注。但对于一个合格的幼教老师来说，所有的孩子在他们眼中都是一样的，并不存在老师偏袒哪个孩子、不理会哪个孩子的情况。毕竟老师都是专业的，他们自然会做得到"眼观六路，耳听八方"，所有的孩子都会在他们眼中。而即便注意不到，经历过自立能力培养的孩子，也是可以自己照顾自己的。

所以，我们应该更关注孩子在这个集体中都发生了哪些变化，而不是只思考老师有没有注意到他。如果孩子的感受是快乐的，而且他也比之前有了成长进步，那就意味着他受到了良好的教育，学到了足够让自己改变的内容，并且他有愉悦的体验，这就说明他在幼儿园的感受是满足的。

正规幼儿园的老师都是有爱心且有责任心的，他们对待所有的孩子都会一视同仁，不会因为某些原因而冷落某一个孩子。再加上我们时不时都会和老师有沟通交流，所以孩子在幼儿园的情况我们也会有大概的了解。孩子能够感受到快乐与满足，这也从侧面证明了老师是负责任的。如果我们能安心，老师就能大胆放手去开展教育，这样才是对孩子的成长有利的做法。

我也挺讨厌这个老师的！

——与其他家长进行理智交流

　　每个人都会有自己喜欢的人，也会有不喜欢的人，任何人都可能会被我们归到喜欢或不喜欢的类别之中，包括幼儿园的老师。

　　老师也是普通人，他的脾气、性格、行事原则与方法，甚至长相、笑容、表情，都有可能引发我们的喜欢或不喜欢。"喜欢"这种情感是源于我们自身的，也就是说这种情感是我们可以自我控制的。

　　从成年人的社会角度来讲，一个成熟理智的成年人，是不可能总在别人不知道的地方因为自己的好恶而诋毁别人的，这是幼稚且没有风度的表现，也显得自己很没有教养。毕竟我们不喜欢的人或者事物并不一定其本身就是不好的，只能说明其不符合我们的审美。

　　其实，一个班级的家长们凑在一起，也形成了一个小群体，你要在这个小群体中担任什么样的角色，同样也考验着你的智慧与为人处世的能力。

　　有一个成语叫"三人成虎"，意思是说，如果有三个人谎报城里有老虎，那么听的人就会信以为真。这个成语比喻谣言传得多了，人们就会将谣言当成事实。

有时候我们可能原本对某位老师有好印象，但听到别的家长交流说这位老师有某某问题，由于涉及自己的孩子，我们也许就会头脑一热，未弄清原委就"义愤填膺"起来。

不管是我们主动地表达不理智的言辞，还是被动地接纳了不理智的信息，其主要原因都在于我们自己，需要我们从自身开始改变。

首先我们要意识到，除非有其他变动，或者这位老师真的有问题，否则我们的孩子将会一直与他相伴，也要接受他的教导，和他度过一天中的大部分时光。我们是要停留在自己那种单纯的个人喜好上或者被他人的想法牵着走呢，还是多关注孩子的感受，以孩子的成长教育为主呢？答案毋庸置疑。

其实，要判断一个老师是不是合适，只要看看孩子的表现就知道答案了。如果孩子每天是快乐的，对老师的评价也比较好，他也能从老师那里学到东西，幼儿园其他的人对老师也是认可的，那就没有什么大问题。这也就意味着对老师的不喜欢就只是我们自己的一点情绪与私心而已，那么我们应该学着包容他人的不同，而不应该以自己的好恶去影响孩子。

而在与其他家长交流的时候，我们也要守住自己的口德。话出口犹如水落地，永远收不回来。你的某些言语可能当时只是你逞一时口舌之快，但日后说不定这些不好的话语会给你带来非常负面的影响。

所以，我们要多注意理智交流。在与其他家长聊天的时候，应多提及孩子的感受，即便自己有不好的感觉，也没必要那么直白地表达，可以委婉地说出来。说话要有技巧，要留有余地。

对于他人说出来的不好的话，可以听，但要少评价或者干脆不评价。下面这位妈妈的做法值得参考：

两位妈妈聊天，一位妈妈说："他们那个王老师说话挺讨厌的，我特烦她，她总是怼人，说话总也说不清楚，还特横。"另一位妈妈笑了笑说："她可能也因为工作忙而比较烦躁，老师们得看这么多孩子呢。对了，你家小姑娘今天梳的小辫子挺好看呀？头绳在哪里买的呀？改天我也去买一对回来。"

不接抱怨，理智分析，顺势转移话题，简单地将这些负面的东西隔离出去，这样既不会起冲突，又能换话题继续聊下去。

总之，我们评价一个人时需要理智思考，不要用恶意去揣测别人。当我们积极乐观的时候，事情自然也会向好的方向发展。

怎么办？新闻都报道了

——不是所有幼儿园都会犯新闻里报道的错误

随着网络时代的不断发展，人们对于各地发生的大事小情都能非常清楚地了解。如果是好事，人们还能一起开心；如果是坏事，人们难免会开始担忧。

做了父母后，尤其是与幼儿园有关的新闻，一旦有某个地区的某所幼儿园出现了不好的事件，很多人就会紧张起来。而当孩子即将或正在上幼儿园时，很多妈妈也就会因为这些新闻而忧心忡忡。

一段时间里，某所幼儿园出现了虐童事件。一位妈妈开始紧张起来，因为她的孩子也在上幼儿园。根据她最近的观察，她发现儿子每天回家都不那么高兴，有一天小脸还红了，看眼睛像是哭过。

妈妈着急了，先在群里四处询问其他家长，让大家都问问自己的孩子，是不是有老师责打孩子的情况。大家在群里都反馈没有之后，她依然不放心，去幼儿园要求调看监控，结果监控显示是孩子们彼此玩耍推搡，儿子的脸碰了一下，而且儿子每天都和别的小朋友发生一点小冲突。但她还是觉得监控死角看不到的地方可能存在着什么问题。于是，妈妈又在群里问开了："谁知道哪个店的窃听器质量比较好？"

其他家长都哭笑不得，也没有人再回应她了。

不得不说，有时候这种没来由的过分担忧，也是我们内心缺乏安全感的一种表现。虽然新闻报道了一些恶性事件，但这并不意味着所有幼儿园会发生类似事件。不要因为这种没来由的担忧，影响我们自己的生活。

看待这样的新闻，我们应该做到以下几点。

首先，了解新闻而非"套用"新闻。

前面这位妈妈显然就陷入了"套用"，她将新闻中提到的内容套用在了自己孩子身上，用自己孩子的表现去应对新闻中提到的表现，结果"越看越像"。这无疑就是现实版的"疑邻盗斧"，自己的斧子丢了，认为是邻居的儿子偷的，就怎么看怎么觉得邻居的儿子像小偷，后来找到斧子了，再看邻居的儿子，怎么看都不像小偷了。

我们要去了解新闻，要看到这则新闻是在揭露一件错事，它的确是给了我们一些提醒，我们要注意到这些提醒，但不能因此而胡思乱想。

其次，不要频繁寻找这样的新闻。

有的妈妈有一种微妙的行为，那就是看到一则幼儿园出问题的新闻后，她就频繁地寻找类似的新闻，似乎就是想印证自己的观点，"看吧，幼儿园都是有问题的"。

那我们就来想一想，你得出了这个结论有什么用呢？是不想让孩子上幼儿园，还是想要在自己孩子身上看到伤害？显然，我们都不愿意有这样消极的期待。然而，当我们频繁接触这些负面新闻时，内心也会被负面情绪所影响。

所以，我们倒不如多关注一些正面新闻，多看一些积极向上的好的内容，这会让我们对未来充满希望，帮助我们及时转换心情。

再次，认清眼前事实，而非依赖新闻报道。

新闻上说"有的幼儿园给孩子吃的东西不好"，有的妈妈就感觉自己孩子在幼儿园吃得不好了。那孩子到底吃得好不好，问问孩子不就清楚了？或者自己去看一看，去问一问，在活动日积极参与，用亲身体验来验证我们自己的选择。

眼前的事实要比新闻报道更贴近我们的生活，孩子的体验、孩子回家之后所表现出来的状态，都是我们验证幼儿园到底有没有让他感到满足、快乐的最好方法。

最后，以更阳光的心态来看待这个世界。

世界的确存在黑暗，但也有更多的光明。总是忧心忡忡、担心孩子出问题，与总是信心满满、期待看到孩子的笑脸，哪一种生活状态更轻松呢？答案再明了不过了。

我们可以心存一丝考察的心思，但也要心中充满爱。以理智的态度去看待新闻、看待事实，会让我们的心情更轻松，也能让孩子以更快乐的心态走入幼儿园。